LA GLOIRE DANS LE REVEIL

Ruth Ward Heflin

Editions La Lumière de la Vie

LA GLOIRE DANS LE REVEIL

Editions La Lumière de la Vie

Titre original : **REVIVAL GLORY**

Traduction française : Marguerithe Sainty
Adaptation française et corrections : Nicole Helfer
Conception couverture : McDougal Publishing

Publié par :
Editions La Lumière de la Vie
4 Bis Rue de Valenciennes
90000 BELFORT - France

ISBN 2-9512558-3-7

Dédicace

- A la mémoire de Wallace H. Heflin junior, mon frère bien aimé.

La gloire dans le réveil était sur lui et le rayonnement de sa vie a touché des multitudes.

- A tous ceux qui se sont tenus à mes côtés, me soutenant en cette année d'épreuve.

- A tous ceux qui ont soif de voir la gloire dans le réveil.

PREFACE A L'EDITION FRANCAISE

L'évocation d'un réveil imminent tient compte des conditions de vie des êtres humains qui peuplent notre planète. Elle suggère un peuple qui dort, qui a sombré dans l'inefficacité, la passivité, peut-être même dans la mort.

Pour les gaulois, la crainte ancestrale de voir le ciel leur tomber sur la tête s'est transformé en un ardent désir de voir la terre visitée par le ciel ! Jésus Lui-même nous a appris à prier "***que vienne sur terre ce qui est au ciel***" ! Il n'y aura pas de réveil si Sa gloire ne nous touche pas ! Mais puisqu'Il veut remplir la terre de Sa gloire la seule issue possible c'est de nous réveiller pour que la gloire de Christ brille sur nous !

La gloire, c'est la présence et la nature de Dieu ; c'est ce qui rayonne de Sa personne ; c'est un fleuve, une dynamique de vie ; c'est l'atmosphère du ciel, c'est la perfection absolue ; c'est une réalité qui lorsqu'elle est entrevue nous précipite sur nos faces dans l'adoration et nous marque à vie !

Ruth Helfin, avec beaucoup de simplicité, de sensibilité et de disponibilité nous invite à accepter, à désirer et appeler cette réalité d'un réveil dans la gloire, et à nous y préparer. Rempli d'expériences personnelles, ce livre nous incite à entrer dans le fleuve, à prendre le risque de perdre pied et de nous laisser emporter par le courant, afin d'être changés, de gloire en gloire, par le Seigneur. Comme le rire de Ruth laisse un souvenir indélébile chez tous ceux qui l'ont entendu, ces pages laisseront des traces dans le cœur de tous ses lecteurs.

Chacun pourra trouver dans cet ouvrage, éclatant de naturel et d'authenticité, de profondeur et de liberté, une source d'inspiration (à consommer sans modération) tant il est vrai que ce que Dieu a préparé pour nous dépasse toujours ce que nous n'avons jamais osé espéré dans nos rêves les plus fous !

Samuel RHEIN

Belfort, le 26 Février 1999

INTRODUCTION

En décembre 1996, j'appris la mort de mon frère par téléphone, en Afrique, dans une chambre d'Hôtel du Burkina Faso.

Il me fallut plusieurs heures pour obtenir un vol de retour pour l'Amérique et, seule dans ma chambre pendant cette longue attente, un verset de l'Ecriture me vint à l'esprit de façon continue :

> ... ***Nous qui sommes parvenus à la fin des temps.***
> **(1 Corinthiens 10[11])**.

Je sus que le rappel "à la Maison" de mon frère était lié au fait au retour proche du Seigneur. J'ai senti l'accélération de l'horloge de Dieu et compris qu'Il allait Se servir de ce départ pour rappeler à beaucoup, non seulement la nécessité de se tenir prêts, mais encore, l'urgence de s'engager dans la Moisson, car le temps est court !

Ces impressions furent confirmés les jours suivants. En effet, un grand nombre de serviteurs de Dieu, d'Amérique et d'ailleurs, vinrent rendre hommage à l'homme qui avait été une bénédiction pour leur vie et, en les observant, je décelais sur leurs visages à quel point son décès les avait bouleversés. En ces instants, j'ai eu quelques pressentiments concernant les évènements négatifs qui vont survenir sur la face de la Terre.

Et hier, pendant le culte du matin à l'église de Richmond, presqu'un an après, le même texte de la Bible m'est soudain revenu à la mémoire : nous qui sommes parvenus à la fin des temps. Mais cette fois, je ressentis les implications positives de cette parole, s'accompagnant d'une conscience très forte de l'énorme responsabilité qui repose sur nos épaules à nous, les croyants : celle d'amener le réveil du temps de la fin, dans toute sa magnificence et sa gloire ! Or, je sais que Dieu nous a donné la capacité d'engranger la Moisson finale.

Il a utilisé mon livre "**La Gloire**" pour répondre aux nombreuses questions que se posait le peuple chrétien, au sujet des diverses voies de Dieu dans le réveil actuel. Les pasteurs le commandent pour le donner à leurs équipiers afin qu'eux aussi entrent dans ce réveil. Je suis vraiment heureuse de l'écho qu'il rencontre. Ce livre apporte encore une autre bénédiction, il ouvre des horizons nouveaux dans l'âme des croyants. Beaucoup m'écrivent pour me dire que Dieu travaillait leur cœur dans le même sens, mais ils ne trouvaient nulle part les points de référence, confirmant cette œuvre divine

- «*A cause de cela, avec qui pouvons-nous le partager ?* disent-ils, *ne voulant pas que les autres nous reprochent d'aller trop loin, nous gardions ces choses pour nous sans chercher à les approfondir*».

En outre, ces dernières années nous ont tellement apporté, dans notre recherche de Dieu et la découverte de Sa gloire ; nous avons vécu de si belles expériences, que je me vois contrainte d'écrire un second volume. Celui-ci emmènera ceux qui ont profondément soif du réveil dans une révélation plus grande de ce que Dieu veut faire maintenant.

C'est ici un temps de réveil pour lequel je me sens comme tout spécialement préparée. Je suis née en plein réveil, j'ai grandi dans le réveil et j'ai eu le privilège d'en être une pionnière dans plusieurs parties du monde. J'ai été témoin de l'effusion du Saint-Esprit depuis des dizaines d'années, et cela m'a apporté une conscience très précise de ce qu'est la gloire du réveil. Je ne me souviens pas d'une période de ma vie où je n'aie été bénie par une mesure de réveil, par une mesure de la gloire. Et désormais, Dieu nous entraine tous dans une gloire supérieure encore : la gloire du Réveil.

Ruth Ward Heflin

Ashland, Virginie
Le 24 novembre 1997

PREMIERE PARTIE

LA GLOIRE DU REVEIL

CHAPITRE 1

NOTRE APPEL AU REVEIL

Il dit : C'est peu que tu sois mon serviteur pour relever les tribus de Jacob et pour ramener les restes d'Israël : je t'établis pour être la lumière des nations, pour porter mon salut jusqu'aux extrémités de la terre. (Esaïe 49[6]).

Fin décembre 1996, et avant la mort de mon frère, Dieu m'avait parlé, me disant qu'en 1997, je passerais davantage de temps en Amérique. Je savais que j'allais participer à la montée du Réveil dans le pays, mais j'étais loin de penser que le Seigneur travaillait déjà à nous préparer pour ce qui allait survenir dans notre famille et notre ministère !

J'avais passé les trente-neuf années précédentes, en majeure partie, hors des Etats-Unis, n'y revenant que pour les périodes de convention. Et, au cours de mes voyages dans un grand nombre de pays étrangers, j'avais appris toutes sortes de choses, que la plupart des américains ignorent d'ordinaire. Mais maintenant, revenant au pays, il me fallait prendre certaines nouvelles habitudes. Par exemple, je n'avais jamais utilisé de cartes bancaires. A Jérusalem règne l'atmosphère d'une ville relativement petite et j'y connaissais presque tout le monde. Si, par exemple, en marchant dans la rue, il me prenait le désir d'acheter un journal, on me le donnait en confiance. Je n'avais qu'à le demander en expliquant :

- *Je suis sortie sans argent sur moi, me permettez-vous de l'emporter ? Quelqu'un viendra vous le payer.*

On ne m'opposait jamais de refus et je n'avais rien à signer. Mais, désormais, j'allais devoir apprendre à vivre autrement. Lorsque je voulais régler par chèque, il m'était demandé deux documents prouvant mon identité. Il s'agissait d'un autre monde ! Et puis, en Amérique, peu de gens me connaissaient, mais Dieu se mit à mettre ma nation au fond de mon cœur, de plus en plus fort. Cindy Jacobs m'avait appelée au téléphone, en septembre 96, depuis une grande réunion tenue dans "Fonder's Inn" à Virginia Beach. Par sa bouche, Dieu me disait ce jour-là : "*Ma Fille, reviens à la maison ! On a besoin de toi ici, en Amérique*".

Ensuite, j'ai été invitée à prêcher à une conférence pastorale à l'Assemblée de Dieu de Brownsville, en Floride, à Pensacola. Et là, plusieurs pasteurs me mirent leur carte dans la main en me demandant de venir dans leur église; ces invitations auraient suffi à me tenir occupée jusqu'au retour de Jésus.

Plusieurs inscrivaient le nombre de leurs fidèles au dos de leur carte, supposant que cela influencerait mon choix : 1.800, 2.500 membres, 5.000 membres...

Mais je n'allais sûrement pas commencer à prendre mes décisions sur ce genre de critères ! J'étais bien décidée à continuer à me laisser conduire par la voix de l'Esprit. Dieu avait béni notre famille, à l'époque où nous n'avions pour église qu'un petit magasin sur la rue, dans la ville de Richmond, lorsque j'étais enfant. A cette époque, Dieu nous avait envoyé quelqu'un pour nous aider à connaître le réveil, et cette aide-là, je n'ai jamais pu l'oublier. Alors, à mon tour, j'étais décidée à aller dans les locaux les plus modestes, si c'était ce que voulait le Seigneur. J'avais été une pionnière du réveil dans bien des points du monde et j'étais prête à l'être encore.

J'avais déjà prévu de venir en Amérique pour la veillée du Nouvel An. Mon billet était pris. Je songeais en effet que si Dieu voulait m'y utiliser pour le réveil en 1997, il était logique que j'assiste à cette longue - veille, afin d'entendre ce que l'Esprit nous dirait par la voie prophétique, dans notre église de Richmond, concernant la nouvelle année et concernant la nation américaine. Ce service particulier est toujours l'un des points forts de la vie de l'Eglise, et des gens viennent même de très loin pour entendre ce que Dieu a à dire.

Pour moi personnellement, ce devait être comme un premier pas, simplement une déclaration de foi de ma part, puisqu'Il m'avait parlé d'un prochain ministère en Amérique.

Lorsque j'appris la nouvelle de la mort soudaine de mon frère, je me trouvais en Afrique. Il me restait encore une journée de réunions à assurer avant de prendre l'avion pour la Virginie. Mais au lieu d'y arriver le 31 décembre, comme je l'avais prévu, je fus obligée d'avancer mon voyage d'une journée pour apporter mon aide aux préparatifs des funérailles. Puis je m'envolais pour Israël, immédiatement après l'enterrement. Nous avions, en effet, été invités par le Premier Ministre, le porte-parole de la Knesset et le maire de Jérusalem, à assister au dernier événement se déroulant à la Knesset, pour la célébration des trois mille ans du règne de David. Il s'agissait d'une invitation officielle depuis longtemps planifiée.

Après cela, je revins aussitôt aux Etats-Unis pour la convention annuelle, avec nos équipiers. J'étais arrivée tard dans la nuit ; le matin lors de notre première rencontre, le Seigneur me dit, par une prophétie : "*Je vais te donner le plan de ce qu'il y aura à faire*." Quand cette parole fut donnée, je vis soudain les deux mains de Dieu, faisant descendre un voile de tulle sur lquel était dessinée la carte des Etats-Unis. Puis, sur cette curieuse bannière, des lumières se mirent à apparaître sur toute l'étendue du pays, jusqu'à ce qu'il n'y eût plus une ville, un bourg, ni un village, où ne brillât la lumière. Comprenant que j'avais devant les yeux le plan du réveil qui arrivait, je me tournai vers ceux qui partageaient la responsabilité du ministère et leur dis : "*Dieu nous fait savoir que le plan dont Il parle, c'est le réveil en Amérique !*"

Cela représentait, pour chacun de nous, un changement considérable, compte tenu du fait que la vocation de notre lieu de conventions en Virginie avait été, depuis tant d'années, d'être un centre de formation pour tous ceux qui se sentaient appelés à servir Dieu dans les nations du monde. La plus grande part de notre ministère s'exerçait donc en dehors des Etats-Unis. Mon frère avait emmené des groupes de croyants en Israël cinquante-cinq fois ; et, ces dernières années, il avait aussi emmené des groupes en Russie deux fois chaque année, pour évangéliser, distribuer des bibles et implanter des églises. Il organisait également des voyages missionnaires en Chine, une fois par an et d'autres, de façon plus occasionnelle, au Nigéria, au Brésil, en Inde, aux Philippines, au Tibet et dans plusieurs endroits encore. Il avait prêché en tout dans presque cent pays et ma mère, Rév. Edith Heflin, dans quatre-vingt pays environ. En outre, un grand nombre de nos coéquipiers avaient annoncé la Parole de Dieu dans toutes sortes de nations.

Personnellement, le Seigneur m'avait comblée dans ce domaine, car j'avais pu me rendre dans tous les pays dont l'existence m'était connue, à une exception près : la Corée du Nord. Or, depuis peu, Dieu m'avait ouvert la porte de la Corée du Nord de façon miraculeuse ; voici comment : j'avais eu l'honneur de faire partie de la délégation de dix personnes qui y accompagna le Sénateur Stewart Greenleaf, de Pennsylvanie. Nous étions revenus de ce voyage début décembre 1996, deux semaines avant la mort de mon frère. Ainsi, par Son intervention, Dieu m'avait permis de me rendre dans le seul pays où je n'avais encore jamais réussi à pénétrer.

Comme chaque personne placée dans une position nouvelle, je désirais continuer à remplir la mission qui avait été celle de mon frère dans le passé. J'étais bien décidée à poursuivre les programmes existants, en y ajoutant de nouveaux, dans la mesure de nos possibilités. Mon frère avait connu de telles bénédictions lors de ses voyages missionnaires ! D'ailleurs, un voyage en groupe était déjà programmé pour Israël en mars, et pour la Russie, en Avril 1997. J'avais donc annoncé que nous allions assurer ces deux tournées et j'avais demandé au frère Jones d'en prendre la direction.

La semaine qui précédait la cérémonie d'investiture du président à Washington nous trouva très occupés par la préparation du petit-déjeuner de prière, que j'organisais à l'hôtel Sheraton en son honneur. Les soirs où nous n'avions pas de réunion à l'église de Richmond, nous les passions au Camp, à prier. Nous chantions des chants prophétiques, nous nous laissions emporter par l'Esprit du Seigneur dans les lieux célestes. Ce temps fut une période intense de révélation où, d'une manière qui me surprit, le Seigneur me fit comprendre que nous n'aurions aucune difficulté à poursuivre les tournées missionnaires comme par le passé ; si nous tenions à continuer le ministère en Russie, nous en étions capables. Nous en avions les moyens ainsi que le savoir-faire ; nous avions aussi les personnes pour l'accomplir. Il me montra cependant que nous n'en avions plus le temps. Ce qu'Il voulait, c'était que, désormais nous le consacrions, avec toute notre énergie, au réveil en Amérique.

Le Frère Dwight Jones avait eu l'habitude d'accompagner mon frère en Israël deux fois par an et en Russie, bien souvent. Je lui laissai donc toute liberté pour conduire lui-même des groupes dans ces pays, en lui disant que, de notre côté, nous n'aurions plus le temps d'assurer ce ministère. Puis j'ai supprimé ces voyages sur les prospectus annonçant nos activités, y laissant simplement figurer la convention des femmes, celle des hommes, outre nos conventions d'été et d'hiver. L'annonce des tournées missionnaires de mars et d'avril en fut retirée, puisque Dieu nous avait révélé un autre plan. Cela semble vraiment simple à raconter ! Mais il est surprenant de constater à quel point nous sommes comme enfermés dans les habitudes d'un ministère. En fait, ce changement de programme demeure un point de désaccord avec certains, encore aujourd'hui ; certes, c'est douloureux, mais "réveil" signifie "changement"...

Un soir de la convention d'hiver, tandis que le Frère Clark Taylor parlait, j'eus une vision : celle de champs de maïs avec une maison isolée, en plein milieu. Et le Seigneur me dit : "*Ceci représente le cœur de l'Amérique.*" Depuis des années, je parcourais le monde en volant d'une grande ville à une autre grande ville et j'étais surprise que le Seigneur me ramène brusquement en Amérique, puis me montre des cultures de maïs avec une maison, seule au milieu des champs. Mais je voulais ce qu'Il voulait. Peu de jours après, je reçus un appel téléphonique. C'était une femme pasteur qui m'invitait en Illinois, dans un lieu appelé Paris.

Je lui demandai : "*Y a-t-il des champs de maïs là-bas ?*" Et c'est en riant qu'elle me répondit : "*Il n'y a rien d'autre que des champs de maïs !*" "*Alors, je vais venir*" lui répondis-je, et je lui racontai la vision.

Or, pendant que j'étais là, j'ai rencontré un autre pasteur, dont l'église se trouvait au beau milieu d'un champ de maïs. Il se montra très réceptif à l'égard de notre ministère. La plupart des églises dans lesquelles j'ai été conduite à servir le Seigneur au cours de l'année écoulée se trouvaient dans des villes de moins de deux mille habitants. Leur population était inférieure au nombre de membres de plusieurs grandes assemblées où je m'étais vue invitée. Seulement, le Maître avait choisi de m'envoyer au cœur du pays et j'en éprouvais chaque fois une joie immense.

Lorsqu'une révélation nous est donnée, elle ne correspond pas toujours à ce que nous avions imaginé, mais il nous faut savoir vivre ce que nous prêchons. Je n'avais pas spécialement envie d'aller au milieu des champs de maïs, mais Dieu sait où Il a besoin de nous. Nous avons tous nos préférences ;

certains croyants même, reprennent les prophéties qu'ils ont reçues pour n'en garder que celles qu'ils aiment le mieux. Mais cela ne fonctionne pas ainsi. On ne peut pas trier et choisir ; on ne peut pas non plus adapter ce que Dieu a dit, l'organiser à son avantage, ni manipuler Ses paroles. Christ est Seigneur ! S'Il vous parle d'un coin reculé, avec un champ de maïs, à vous de vous rendre où se trouvent les cultures de maïs en Amérique. A vrai dire, je ne m'étais jamais rendue dans les régions du centre du pays, mais lorsque le Seigneur me les montra, j'ai aussitôt désiré y aller !

Si Dieu vous envoie quelque part, vous pouvez être sûr qu'il s'y trouve quelqu'un qui Lui demande de l'aide. Ce peut être une assemblée, ou juste une personne, un membre du gouvernement, ou un groupe de croyants ; mais quelqu'un a fait monter la prière du Macédonien : "*Venez à notre secours!*"

Serez-vous prêt à devenir la réponse à un tel cri ? Lorsque sera venu le temps de raconter l'histoire du cœur de l'Amérique, il y aura beaucoup à raconter, car les plans et les desseins de Dieu se seront dévoilés. C'est ici l'heure de Dieu ! C'est Son heure pour le réveil en Amérique, et pour rentrer la moisson. Nous savons qu'Il nous enverra encore vers d'autres nations mais, dans l'immédiat en tout cas, nous nous consacrons au réveil ici, dans notre pays.

Cela n'aurait probablement pas dû me surprendre ; car Dieu m'avait réveillée une nuit, à Jérusalem et j'avais entendu Sa voix disant : "*From sea to shining sea !*" Faisant des efforts pour me sortir du sommeil, j'essayais de retrouver auquel de nos chants patriotiques appartenait cette bribe de phrase.

Tout à coup, elle me revint :

America, America,
God shed His grace on Thee.
And crowned Thy good with brotherhood,
From sea to shining sea !

Amérique, Dieu a étendu Sa grâce sur toi.
Il a couronné tes biens de fraternité,
d'une mer à la mer étincelante.

Au moment où Il nous avait montré l'Amérique, Dieu ne nous avait donné aucun détail sur Son plan. Il nous a fallu apprendre pendant la marche.

Au début de l'année 1996, mon frère et moi, avec Dwight Jones, notre ami du Texas, étions en train de parler du réveil qui allait venir sur les U.S.A. et nous avions compris ensemble qu'il fallait nous mettre à accomplir dans notre pays ce que nous faisions depuis des années outremer. Et la pensée nous vint d'organiser chaque mois une très grande rencontre, quelque part en Amérique. C'est ainsi que mon frère avait déjà fait, avant de mourir, des plans dans ce sens en Louisiane et au Texas. Par la suite, Frère Jones et moi nous avons senti qu'il fallait assurer les deux rencontres prévues.

Pour la première, Dieu nous donna un auditorium qui fut mis gratuitement à notre disposition. C'était un grand Hall, appartenant à la "Steam Fitters' Union", à la Nouvelle Orléans. J'ignorais que la "Steam Fitters' Union" (L'Union des Chauffeurs de Machines à Vapeur) existait encore. Mais combien j'appréciais leur offre et en plus, le merveilleux accueil qu'ils nous firent ! La Nouvelle Orléans était un endroit plaisant pour débuter notre ministère à l'intérieur des Etats-Unis. Tous les assistants se montrèrent très réceptifs.

Dans la plupart des villes, la moindre salle un peu vaste coûte entre cinq cents et mille dollars par soirée. C'est un aspect qui a son importance, surtout lorsqu'on n'est pas connu. Le Frère Jones, lui, possède un joli centre de réunions à Caddo Mills, juste en dehors de Greenville. Il a mis quelques années à l'acquérir et nous avions décidé d'organiser notre seconde grande rencontre à cet endroit, qui se trouve à environ 80 kilomètres de Dallas, dans les plaines du Texas.

Or, une dizaine de jours avant la date de la Campagne, Frère Jones se préparait à en diffuser quelques annonces à la télévision, quand le Révérend Floyd Lawhon appela Marcus Lamb, propriétaire du canal 29 à Dallas, pour lui dire :

- *Je viens de lire un livre qui s'appelle "**La Gloire**"; permettez-moi de vous en lire un extrait.*

Et il lui lut ce que je déclarais dans le post-scriptum : à savoir que, lorsque le réveil en Amérique serait en pleine éclosion, la métropole de Dallas en serait le centre.

En entendant cela, Marcus Lamb fut si heureux qu'il en rapporta la nouvelle à la télévision, plusieurs jours de suite. Il commanda un millier d'exemplaires de mon livre et encouragea tous ses auditeurs à se le procurer. C'est sur ces entrefaites qu'il apprit ma venue. Il fit alors les arrangements nécessaires pour nous avoir sur son antenne, Frère Jones et moi. Ainsi, Dieu commençait déjà à utiliser ce frère pour répandre le réveil.

Marcus Lamb nous accorda une heure d'interview sur le sujet du réveil, et il passa l'émission trois fois ce jour-là et plusieurs fois encore dans les semaines qui suivirent. D'ailleurs, depuis, j'ai eu le privilège d'être de nouveau l'invitée de canal 29 à Dallas, à plusieurs reprises. Marcus Lamb et son épouse Joannie s'activent à propager le réveil à Dallas et dans toute sa région. Ils ont déplacé, gratuitement, pour nous, l'unité mobile et leur équipe de tournage jusqu'à Caddo Mills, afin de filmer deux de nos réunions.

A Abingdon, en Virginie, Buford Smith a suspendu pendant cinq heures tout son programme de TV pour nous laisser parler du réveil, deux soirs de suite.

Lorsque Dieu fait souffler Son vent, il ne Lui faut pas longtemps pour ouvrir les portes devant ceux qui connaissent "***La roue, tournant à l'intérieur de la roue***", le feu brûlant à l'intérieur du feu, et la gloire qui se révèle en ce jour et à cette heure, par l'Esprit de l'Eternel.

Un pasteur m'appela de Caroline du Nord parce qu'une de ses connaissances, ayant lu mon livre, le lui avait envoyé. En le lisant, il s'était mis à trembler violemment, dans tout son corps. Puis, en très peu de temps, le réveil avait touché son église ; et avant la fin de notre conversation téléphonique, je me sentais moi-même toute réveillée ! Ce qui lui est arrivé, à lui et à ses paroissiens, est quelque chose de merveilleux.

Nous allons expérimenter le tremblement dont Ezéchiel parle et aussi un rapprochement les uns des autres. Au fur et à mesure que les hommes, en tous lieux, tendent les mains vers Dieu, ils vont se trouver de plus en plus unis les uns aux autres. Quand ce pasteur m'a appelée, je ne lui ai même pas demandé de quelle dénomination il faisait partie. Cela n'avait aucune importance. D'ailleurs, je ne le demande jamais. Si les croyants éprouvent le besoin de mentionner qu'ils sont, par exemple, méthodistes, ou baptistes, ou réformés, ils le peuvent. Mais cela m'est complètement égal. L'œuvre que Dieu accomplit est totalement immatérielle. Des os se rapprochent les uns des autres, en ces derniers jours, dans le but que chaque élément du squelette reprenne sa place. Ce regroupement fait partie du réveil ! Or nous allons assister à des prodiges plus grands encore. Mais comment Dieu va-t-Il opérer, en peu de temps, cette œuvre inespérée ? En y réfléchissant, j'ai reconsidéré ce qui avait été accompli par le ministère de T.L. Osborn à Mombassa, lors d'une mission au Kenya, dans le passé. T.L. Osborn y avait tenu une grande croisade qui avait eu pour fruit l'apparition de mille nouvelles églises, durant l'année qui avait suivi. La croisade elle-même n'avait duré qu'une semaine environ, mais Dieu avait tellement bouleversé le cœur des pasteurs du pays qu'un travail extraordinaire avait vu le jour en un temps très court.

Ensuite, le Seigneur s'était servi du Révérend Mattson Bose, un merveilleux pasteur suédois de Chicago, pour répandre plus loin le réveil. Voici comment : cet homme venait en Afrique assurer deux semaines de formation intensive sur la foi, pendant lesquelles il rassemblait tous les pasteurs et les frères africains, afin de leur enseigner les principes de base pour guérir les malades, chasser les démons et gagner les perdus. Six mois plus tard, il revenait, les rassemblait de nouveau et poursuivait l'enseignement. Ce même principe fut repris à plusieurs autres endroits à mesure que le feu du réveil gagnait de place en place. Dieu peut le faire encore, et tout aussi rapidement.

Nous voyons l'œuvre étonnante qu'Il opère, sur ce plan, au milieu des nouveaux convertis en Asie, en Amérique du Sud, en Afrique et dans les pays de l'ancien Bloc de l'Est. Le Saint-Esprit leur donne une formation en pleine marche. Ainsi, en Russie, certains pasteurs très jeunes, des hommes qui ne sont sauvés que depuis peu de temps se lèvent et font un travail remarquable. Sans doute ne possèdent-ils pas toutes les réponses que nous aimerions leur voir connaître, cependant quelques-uns parmi eux portent déjà beaucoup de fruits pour le Royaume de Dieu. Son feu brûle en eux. Ils voient Ses plans s'accomplir dans leur propre vie et ils apprennent tout en travaillant.

Aujourd'hui en Russie, un converti de quelques mois seulement peut se trouver à la tête d'une église assez importante. Certes, ils ne sont pas encore au courant de tous les points de doctrine, mais Dieu les emploie et ils sont en bénédiction à des milliers de personnes. C'est là un phénomène auquel nous assisterons de plus en plus souvent. Oh, combien c'est passionnant ! Dieu sait comment agir vite lorsque des hommes Lui sont livrés. Il vaut mieux nous préparer à voir de Sa part les actions les plus étonnantes que nous n'ayons jamais contemplées. Dieu nous forme "sur le tas" et, pour moi, je suis remplie de joie de pouvoir prendre part à la moisson !

Ô, Père Céleste,
Nous appelons le feu du réveil, le feu de la gloire, dans l'âme de ceux qui lisent ces lignes. Je prie qu'ils soient tellement remués intérieurement et touchés à la pensée

du réveil, qu'ils l'embrassent avec tout ce qui est en eux. Et je déclare qu'ensemble nous ne relâcherons pas nos efforts, jusqu'à ce qu'il remplisse notre nation !
Au nom de Jésus, amen !

CHAPITRE 2

ELEVES EN VUE DU REVEIL

Des nations marcheront à ta lumière et des rois à la clarté de ton avènement. (Esaïe 60[3]).

Dieu passe toujours par des hommes pour accomplir Ses plans. Lorsqu'Il a un grand projet pour la terre, Il cherche quelqu'un au moyen de qui le réaliser. Mais Dieu ne choisit pas selon des critères humains.

> ***Considérez, frères, que parmi vous qui avez été appelés, il n'y a ni beaucoup de sages selon la chair, ni beaucoup de puissants, ni beaucoup de nobles. Mais Dieu a choisi les choses folles du monde pour confondre les sages ; Dieu a choisi les choses faibles du monde pour confondre les fortes ; et Dieu a choisi les choses viles du monde, celles qu'on méprise, celles qui ne sont point, pour réduire à néant celles qui sont, afin que personne ne se glorifie devant Dieu.*** (**1 Corinthiens 1[26-29]**).

Si Dieu nous élève, il est inutile de jouer des coudes. Si c'est Lui qui fait l'œuvre, elle est bien faite et elle dure. Il ne nous sera pas indispensable de progresser par une multitude de pas minuscules pour atteindre le sommet. Entrons et marchons dans l'Esprit, et nous allons nous trouver rapidement emportés au sommet.

Si nous voulons bien lever nos regards vers Lui, Dieu nous élèvera. Si nous voulons bien répondre, alors que le Ciel nous attire à lui, Il nous élèvera. Les besoins du réveil l'exigent. J'ignorais que la vie de mon frère allait s'achever brutalement, à la fin de l'année 1996, et que cela allait entraîner mon départ de Jérusalem et mon installation en Virginie, afin de poursuivre son ministère. Dieu m'avait dit : "*Je vais t'élever*", mais j'étais loin d'imaginer de quelle manière Il allait le faire !

Mon livre "**La Gloire**" circulant (en anglais) depuis quelques années était déjà un instrument de bénédiction pour beaucoup ; pourtant, je restais encore relativement peu connue en Amérique, du fait que j'avais vécu la plupart du temps à Hong-Kong, en Israël, ou ailleurs à l'étranger. Mais voilà que soudain, je reçus une invitation à prêcher à la Conférence pour Pasteurs de Pensacola en Floride ; puis à deux autres conférences au même endroit. A l'occasion de ces trois rassemblements, il me fut donné de prêcher devant près de six mille pasteurs.

Ensuite, mon frère et moi furent les invités du Club des 700 et de CBN, pour une rencontre appelée "Revival Festival", dans un hôtel de Virginia-Beach, une ville de Virginie. Nous y sommes allés deux années de suite et nous avons exercé le ministère prophétique pour un grand nombre de personnes, notamment pour Oral Roberts. Le Seigneur lui communiqua une parole magnifique dont les premiers mots donnaient le ton : "*Tes jours les plus grands sont devant toi*". Paroles surprenantes sur le plan naturel si l'on sait que son fils Richard avait déclaré la veille, plus ou moins précisément, qu'il allait se rendre en Californie pour jouir d'une retraite bien méritée. Mais Dieu lui disait autre chose !

La prophétie terminée, Oral Roberts fit la remarque qu'il ne possédait pas un don de paroles de connaissance aussi développé que Richard et l'on devinait qu'il se sentait un peu inférieur sur ce plan. Mon frère prit alors la parole et lui dit : "*Il n'y a pas une personne au monde qui ne considère comme un grand privilège de recevoir l'imposition des mains d'Oral Roberts*".

Par ces mots, il encourageait le serviteur de Dieu à utiliser le talent qui lui avait été donné.

Un peu plus tard, O. Roberts se mit à me parler de ses activités en relation avec la télévision chrétienne, et je réalisai combien la pensée de Dieu contenue dans ces mots "*Tes jours les plus grands sont devant toi*" était réelle. D'ailleurs, il n'y a pas longtemps, je l'ai vu prêcher à la télévision, dans l'église de Rod Parsley et quelle joie j'ai eue de voir comme il était brillant ! Il me semblait avoir rajeuni de vingt ans. Il se déplaçait au milieu des croyants avec une aisance que je ne lui avais jamais connue. Je compris que Dieu était en train d'accomplir d'une manière remarquable la parole qu'Il lui avait dite. En vérité, l'âge que nous avons n'a aucune importance. Si Dieu nous a ordonnés pour que nous prenions notre part aux progrès du réveil, Il fera en nous l'œuvre nécessaire.

Il ne m'était pas possible de rester pour la fin de Revival Festival, cette première année, car je devais repartir pour Jérusalem. Mais mon frère le put, et il fut invité ce soir-là à dîner avec le Pasteur Benny Hinn, après la réunion du soir. Pendant le repas, Jackie Yockey, coordinateur du Club des 700, le présenta à Benny Hinn et celui-ci lui dit :

- Je connais votre sœur, à Jérusalem. Elle a prophétisé sur moi quand j'étais jeune homme, en disant que Dieu allait m'utiliser parmi les grands leaders du monde et m'accorderait le ministère dans lequel je Le sers maintenant. Certaines prévisions de sa prophétie commencent juste à s'accomplir. Elle a déclaré tout cela des années avant que je ne devienne connu.

Mon frère m'appela le lendemain pour me raconter cette conversation. Je ne me souvenais pas de cette prophétie mais mon frère me rapporta la remarque de Jackie à Benny Hinn :

- "*Etait-ce à l'époque où vous portiez encore votre queue de cheval?*" et il répondit que c'était exact. Elle demanda aussi : "*Etait-ce du temps où vous bégayiez encore ?*" et il dit : "*C'est exact !*"

Cette prophétie avait tellement bouleversé sa vie qu'il l'avait souvent racontée à ses équipiers et ils en connaissaient tous les détails. Mais, depuis le temps, j'avais prié pour tellement de personnes que je ne parvenais pas à m'en souvenir.

- *Peut-être*, reprit mon frère, *mais lui ne l'a jamais oubliée ! Il est si reconnaissant qu'il veut te rencontrer pour te le dire lui-même.*

Lorsque nous nous sommes rencontrés, Benny m'invita à me joindre à lui dans ses grandes croisades et j'ai répondu à cette invitation chaque fois que j'en ai eu la liberté. J'ai assisté à ses campagnes en Norvège, à Oslo ; à Richmond, en Virginie ; à Raleigh, en Caroline du Nord ; à Atlanta, en Georgie ; à Miami, en Floride - et, à chacune de ces occasions, il a eu la délicatesse de me rendre honneur publiquement.

Ainsi, en trois évènements simples, il semble que Dieu ait voulu effacer l'obscurité des trente-neuf dernières années passées à exercer le ministère hors des Etats-Unis, et ceci afin de faciliter mon retour au sein de la société américaine. Soudain, mon livre "Glory" ("**La Gloire**") fut réclamé partout et parut sur la liste des best-sellers chrétiens. Il arrivait en anglais à sa septième édition et se voyait publié en français, en espagnol, en allemand, en suédois, en finnois, en russe, en norvégien, en coréen, en latvien, ainsi qu'en plusieurs dialectes de l'Inde. Des croyants d'autres pays projetaient de le traduire dans leurs langues. Il suffit à Dieu de trois évènements pour commencer à accomplir ce qu'Il avait promis, pour faire que mon nom soit connu en des endroits nouveaux, afin que les portes me soient largement ouvertes. Et je réalisai bientôt que je recevais plus d'invitations qu'il ne m'était possible d'y répondre.

Souvent, nos yeux s'arrêtent sur les limitations ; alors que nous devrions regarder à la façon merveilleuse dont Dieu pourvoit au nécessaire. Tout ce qu'Il a à faire est d'envoyer le vent souffler dans notre direction et, en un instant, des changements se produisent là où il le faut. Du jour au lendemain, nous avançons de gloire en gloire et d'une porte ouverte à une nouvelle porte ouverte.

Dernièrement, pendant que je prêchais, au Texas, j'eus la vision d'un satellite de télévision. Je me mis aussitôt à déclarer que Dieu allait bientôt m'ouvrir une porte sur la TV par satellite. L'après-midi même, je reçus une invitation à prêcher à Hendersonville à "Trinity Music City", nom d'un centre chrétien où la percée du Réveil est en pleine explosion. C'est dans le Tennessee. Dieu y a envoyé Sa gloire et TBN (1) L'a filmée et retransmise dans toute l'Amérique et dans le monde entier.

La date où j'y serai n'est pas encore fixée, à l'heure où j'écris ces lignes, mais ce sera pour bientôt, je l'espère. Cela me passionne de penser qu'en une seule émission télévisée, je m'adresserai à un plus grand nombre d'auditeurs que dans toute ma vie passée. Et ce n'est qu'un début. Les jours qui viennent seront les plus grands pour chacun de nous. Comment Dieu va-t-Il s'y prendre ? Je l'ignore ; mais cela ne m'inquiète pas. Il est le Seigneur Souverain et Il peut faire exactement tout ce qu'Il veut, quand Il le veut. C'est en Lui qu'est ma confiance.

Dans l'histoire d'Esther et de Mardochée, nous voyons Haman, un homme inique, former un complot pour anéantir le peuple de Dieu ; mais une nuit, Dieu fait que le roi Assuérus ne puisse pas trouver le sommeil ; alors il se lève et demande qu'on lui apporte le livre des chroniques de son peuple. En l'examinant, il découvre le nom de Mardochée, un homme qui lui a fait du bien sans avoir jamais été récompensé. Dès le matin suivant, il demande à quelqu'un d'aller chercher Haman pour qu'il vienne au palais. Puis le roi l'interroge en ces mots :

- ***Haman, que ferais-tu à l'égard d'un homme qui mérite d'être honoré ?***

Haman, certain qu'il s'agit de lui-même, répond en demandant des marques d'honneur qu'il n'aurait jamais osé mentionner en d'autres circonstances.

- *C'est bien,* répond le roi, *je veux que tu exécutes tout ce que tu viens de dire en faveur d'un homme du nom de Mardochée qui, m'a-t-on dit, est assis à la porte du palais.*

(1)TBN : Television Broadcast Network- un des principaux réseaux de TV Chrétienne aux Etats-Unis.

Dieu sait comment écarter toutes les mauvaises intentions et faire que Sa roue tourne en votre faveur. Il ne connaît aucune limitation. Seigneur et Souverain, Il n'a même pas besoin d'être gardé éveillé au milieu de la nuit pour montrer à quelqu'un comment vous honorer - puisqu'Il ne sommeille ni ne dort. Il peut pousser une personne qui, depuis longtemps, ne pensait plus à vous, à vous appeler au téléphone et, avant que vous le réalisiez, de nouvelles circonstances se mettent en place. Un vent souffle sur la terre en ce moment, c'est celui de la faveur de Dieu.

Nous devons faire face aux défis de l'heure actuelle. Il serait terrible d'avoir à se tenir sur une estrade importante et de n'avoir pas sur notre vie une gloire assez grande pour être en bénédiction aux autres. Nous avons besoin que Dieu élargisse notre esprit et y dépose cette gloire supérieure pour que, lorsque les opportunités vont se présenter, nous soyons capables de faire connaître l'excellence de la gloire qu'Il révèle dans le temps où nous sommes.

Cessons de regarder à ce qui est passager et levons les yeux sur ce qui est éternel. Cessons de gaspiller nos moments de prière à réclamer ce qui va disparaître, et commençons à mettre en Dieu notre foi pour atteindre les richesses éternelles. Il y en a parmi nous qui jeûnent et prient, mais dans le but de protéger des choses que, justement, Dieu veut nous voir lâcher. Nous faisons tous nos efforts pour retenir ce que nous avons - mais Dieu essaie d'obtenir que nous le laissions aller. Nous continuons à nous cramponner de plus en plus fort à certaines réalités, alors que Dieu, de Son côté, essaie de nous en détacher. Mais ces choses éphémères, non seulement nous ne nous en occuperons plus dans les temps qui viennent, mais nous n'y penserons même plus ! Car nous serons tellement consumés par ce qui est éternel qu'elles n'auront plus aucune importance à nos yeux. Déjà, nous ne pouvons plus nous permettre de ne vivre que sur le plan naturel et terrestre.

Nous devons vivre dans le surnaturel. Laissons-nous emporter comme sur des ailes d'aigles pour être changés de gloire en gloire. Recevons une gloire toujours plus grande, une révélation toujours plus grande, une vision intérieure toujours plus grande des choses de Dieu, et une provision toujours plus grande.

Que tout au fond de vous, vous ressentiez la hâte du Saint-Esprit. Nous avançons en hâte vers la venue du Seigneur et vers le plein accomplissement de Ses desseins. Ce sera par la révélation de l'Esprit que vous serez élevés. Vous n'allez plus avancer d'un pas à la fois. Vous monterez tout d'un coup de la première marche à la plus haute. Vous allez soudain vous élever du rez-de-chaussée au dernier étage. Ne restez pas sur place à regarder les autres être élevés ! C'est aussi vous que le Seigneur désire élever.

Quand j'étais enfant, j'ai eu le privilège de sauter deux étapes dans ma scolarité. A l'occasion d'un déménagement, en effet, je suis entrée dans une nouvelle école ; les professeurs me trouvaient trop grande pour rester dans la classe où j'étais et ils nous ont demandé, à mes parents et à moi-même, si nous étions d'accord qu'ils me mettent dans la classe supérieure. C'était une solution merveilleuse. Car la plupart de mes camarades ont passé leurs examens à 17 ou 18 ans, mais j'ai pu les passer à 16 ans. Et Dieu vous fera sauter des classes à vous aussi ! Il va vous faire sauter quelques marches pour monter jusque dans Sa gloire. Elevez-vous plus haut pour le réveil !

Lors de chaque réveil, il s'est trouvé un livre-clé. Dans les années 50, Gordon Lindsay, fondateur de Christ For All Nations, à Dallas, écrivit un document magnifique sur le réveil qui accompagna le ministère de William Branham. L'ouvrage s'appelait **"Un homme envoyé par Dieu"**. J'avais dix ans à l'époque et je venais d'être remplie du Saint-Esprit. Nous habitions un petit logement au-dessus de notre église, dans la rue Hull Street à Richmond. Je n'oublierai jamais ces jours où Maman, Papa et moi nous installions dans le petit salon à côté de la cuisine et où Maman nous lisait ce livre à haute voix.

En écoutant le récit de ce que Dieu opérait par la vie et le ministère de Branham, nous étions bouleversés tous les trois.

De temps en temps, l'émotion obligeait Maman à s'arrêter et elle s'apercevait que nous pleurions aussi fort qu'elle. Elle reprenait un moment et nos larmes coulaient de plus belle. Nous débordions de joie de ce que Dieu exauçait nos prières, en envoyant le réveil sur notre nation. Le livre secoua toute l'Amérique. Le peuple avait déjà une certaine soif spirituelle, mais le récit des œuvres merveilleuses de Dieu accentua cette soif dans les cœurs et un grand réveil éclata dans tout le pays. Je m'en souviens clairement ; nous avions alors des réunions tous les soirs dans notre église, et une nuit de prière tous les vendredi - soirs. Cela dura cinq ans.

Dans les années 60, Dieu se servit de deux ouvrages pour promouvoir le réveil. John Sherril, éditeur du Guidepost Magazine les écrivit tous les deux. En fait, le livre intitulé : "**Ils parlent en d'autres langues**" fut le premier largement diffusé à présenter une étude de l'effusion du Saint-Esprit à travers les siècles. Soulignant l'œuvre qu'Il accomplissait à ce moment-là en particulier, ce livre alluma dans tous les cœurs une grande soif de Dieu. Il servit de fer-de-lance à ce qui allait apparaître sous le nom de Mouvement Charismatique, mouvement au travers duquel un très grand nombre de pasteurs et de missionnaires des églises traditionnelles reçurent le baptême du Saint-Esprit. Le second livre écrit par John fut "**La Croix et le Poignard**" qui raconte l'intervention de David Wilkerson au milieu des drogués des rues de New York ; grâce à ce serviteur, de nombreux membres de gangs furent sauvés et le restèrent parce qu'ils découvrirent la puissance du Saint-Esprit, capable de les garder. Ce livre fut répandu dans le monde entier et toucha des cœurs assoiffés dans toutes les églises et dénominations. Il contribua pour une large part au réveil des années 60. Je ne connais aucun autre livre, depuis celui-là, qui ait touché un si grand nombre de personnes en vue du réveil. Il y en a pourtant eu d'excellents, dont l'un de mes préférés est "**Les Anges en Mission**", de Charles et Francis Hunter. Je l'ai lu et relu et il me bénit chaque fois. Les expériences qu'a vécues le pasteur Roland Buck élèvent tous les croyants sincères jusque dans les lieux célestes. Aucun autre livre n'a autant secoué le peuple de Dieu en général, partout où il a paru.

Lorsque je me préparais à écrire "**La Gloire**", Dieu me dit que ce serait un ouvrage qui aurait le même impact. D'ailleurs, le flot de lettres que je reçois de ceux qui le lisent semble confirmer l'accomplissement de Sa promesse. Quand les lecteurs me racontent l'effet qu'il a produit sur eux, cela me rappelle étrangement ce que j'avais éprouvé lorsque Maman nous lisait "**Un homme envoyé par Dieu**". Le Seigneur est en train d'accomplir ce qu'Il m'a promis, à savoir que mon livre aiderait à amener le réveil du temps de la fin.

J'ai reçu dernièrement un fax de Jérusalem me parlant d'un frère du Kenya venu pour participer à Natanya à une conférence internationale sur l'environnement. Il avait assisté, la veille, à la réunion de prière quotidienne qui se tient dans notre maison. Il avait lu, au Kenya, une photocopie de "**La Gloire**". Il raconta que personne ne semblait savoir où se procurer le livre, car tout le monde le lisait en photocopies. Il avait senti dans son cœur qu'il fallait qu'il trouve le lieu de notre ministère à Jérusalem ; et il y était parvenu après beaucoup d'efforts. Notre téléphone s'était trouvé en panne pendant presque une semaine, mais il voulait absolument nous dire à quel point les Kenyans étaient bénis par le livre. Je reçus le même jour un autre fax, venant cette fois-ci, d'une mission du fond du Chili. Les membres de cette église lisaient à tour de rôle l'unique exemplaire qu'ils possédaient de "**La Gloire**" en espagnol. Et leurs cœurs avaient tellement soif d'en connaître davantage qu'ils m'invitaient à venir les enseigner.

En mai 1997, me trouvant à Oslo, je pris conscience que les églises pentecôtistes et charismatiques elles-mêmes avaient, en Norvège, plusieurs années de retard en ce qui concerne le réveil. Et je compris que si les pasteurs et leurs assemblées lisaient "**La Gloire**", ils découvriraient rapidement comment l'Esprit agit actuellement. J'ai donc cherché et trouvé quelqu'un pour traduire le livre en norvégien et pour l'éditer, si bien qu'il est maintenant disponible là-bas. Je crois que le même cas de figure peut se retrouver dans bien des pays. Puisque le Seigneur me montre encore qu'Il l'utilise puissamment comme instrument du réveil, mon désir est que "**La Gloire**" arrive à être publié et distribué dans toutes les nations possibles. Et j'ai confiance que certains d'entre vous qui lisez ces lignes pourrez m'aider à accomplir ce rêve.

Les habitants de Lettonie ont ainsi réalisé la traduction, l'impression et la distribution du livre par leurs propres moyens. Ce réveil, en effet, ne va pas seulement toucher l'Amérique d'un océan à l'autre, mais également toutes les nations. Or, si l'on considère les multitudes qui l'ignorent encore, il paraît évident qu'un livre approprié est un des moyens les plus efficaces pour en transmettre le message.

Partout, le Seigneur utilise "**La Gloire**" pour faire tomber des barrières dans la vie des pasteurs. Ceux-ci à leur tour aident leurs fidèles à accéder à ces réalités nouvelles qui, normalement, devraient faire partie de la vie de l'Esprit, mais n'avaient pas été enseignées jusqu'à ce jour.

Un pasteur des Assemblées de Dieu m'a dit dernièrement :
- *Sœur Ruth, quelqu'un m'a donné votre livre et, tout d'abord, je n'y ai rien compris. Mais maintenant que j'ai été touché par le réveil, j'en ai reçu la compréhension par révélation et ma vie a été complètement changée.*

La première fois que j'ai rencontré mon ami Eli Mizrachi, c'était il y a plusieurs années, à Jérusalem, dans le bureau du Premier Ministre. Il m'a demandé pourquoi je m'intéressais tellement aux leaders des nations et à leurs capitales.

- *Cette passion,* lui répondis-je, *m'est venue au cours des réunions de prière auxquelles j'assistais lorsque j'étais enfant, car la gloire de Dieu s'y manifestait.*

Aujourd'hui, en regardant en arrière, je réalise que j'ai bénéficié d'un héritage spirituel qui m'a été donné par Dieu pour que je le mette au service des nations et du réveil. Cet héritage me vient d'abord de ma grand-mère Ward : lorsque ma mère n'avait que six ans (il y a donc plus de 80 ans, puisqu'elle est née en 1910) ma grand-mère vint s'installer à Washington, la capitale. Après six mois de recherches, elle finit par trouver des croyants partageant sa foi pentecôtiste. Ils appartenaient à une petite église située à Water Street, dont ma grand-mère devint membre.

Le pasteur, le révérend Collier, était un saint homme ayant dans le cœur un grand fardeau pour la cité et pour la nation. Il pria pour le réveil presque jour et nuit, deux années entières. Grand-mère et une autre sœur de l'église se mirent à prier aussi chaque matin, pendant plusieurs heures. Dieu a honoré toutes ces prières et a envoyé le réveil, si bien qu'au bout de quelque temps, l'église a dû s'installer dans des locaux beaucoup plus grands. Les études bibliques précédant le culte du dimanche matin (que les américains appellent Sunday School = Ecole du Dimanche) se virent fréquentées par quinze cents personnes.

C'est dans cette église que mon père trouva le salut et fut rempli du Saint-Esprit. Il y devint plus tard responsable de l'école du dimanche. Il me raconta que de nombreux diplomates, des ambassadeurs et autres dignitaires Américains et étrangers, aimaient à y venir. Jeune homme, il travailla pour la célèbre entreprise de mobilier "W.J. Sloan". Or, cet emploi le fit pénétrer régulièrement à l'intérieur de la Maison Blanche, dans les bâtiments du Capitole et dans d'autres édifices du gouvernement, ainsi que dans des ambassades étrangères. La splendeur de ces lieux et le prestige des personnes qui y travaillaient marquèrent fortement l'esprit de mon père et son cœur eut toujours conscience de l'importance de notre capitale.

Par la suite, jamais nous n'avons manqué la cérémonie d'investiture d'un Président (le 21 Janvier qui suit l'élection ou la réélection présidentielle ayant lieu en Novembre). L'anniversaire de mon père tombant le 20 Janvier, il aimait dire que la grande parade se déroulant à cette date, tous les quatre ans à Washington, était en son honneur.

Quand nous nous sommes installés à Richmond, nous nous sommes chaque fois déplacés pour y assister.

D'ailleurs, nos deux grands-mères habitaient la capitale, ce qui fait que nous pouvions arriver en avance, passer un peu de temps avec elles et nous rendre ensuite à la cérémonie. Le fait de me trouver là, de voir et d'entendre chacun de nos Présidents prêter serment et recevoir l'investiture, imprima dans mon esprit une conscience de mon identité nationale et un sentiment de patriotisme très forts.

Mon grand-père Ward était un évangéliste baptiste. Il allait prêcher la Parole de Dieu dans le monde entier, à une époque où les voyages n'étaient pas chose facile. Nous le voyions revenir avec des perles du Japon ou de la soie de Chine. Il était doué d'une grande éloquence et avait appris à dire quelques phrases dans au moins soixante-cinq langues. Il voyageait également beaucoup à travers l'Amérique. Pendant un temps, il fit partie des conférenciers du célèbre Institut Chautaqua, dans l'état de New-York. Il avait appris par cœur de longs textes de conférences qu'il allait prononcer dans tout le pays, parlant plusieurs heures par soirée, dans le but de redonner foi et courage au peuple américain. D'ailleurs, tout cet héritage familial est bien décrit dans le livre de ma mère : "**Je sers le Dieu des Miracles**" (non traduit).

Le fait d'avoir vécu de nombreuses années outre-mer me rendait encore plus attentive à l'égard de Washington et de l'Amérique. J'étais venue assister à la seconde investiture du Président Ronald Reagan. Lors de la première, j'avais eu l'occasion d'accompagner quelques amis, appartenant au milieu politique, à des "Petits Déjeuners" organisés pour l'occasion, en divers points de la capitale. Des Petits Déjeuners de ce genre avaient lieu pour chaque investiture présidentielle : certains étaient organisés par le parti qui avait gagné l'élection, d'autres par divers politiciens de Washington.

Et tous les personnages considérés comme importants dans la communauté étaient invités à y participer. Tout était bien fait, mais le peuple des croyants, de ceux qui prient, où était-il à un moment pareil ? Je m'aperçus même que plusieurs de ceux qui exerçaient leur ministère dans la capitale allaient, au contraire, passer la journée en-dehors, pour éviter la cohue provoquée par la grande foule rassemblée ces jours-là.

Il me vint alors la pensée suivante : ne serait-ce pas merveilleux que quelqu'un organise, lors de ces matinées d'investiture, un petit-déjeuner de prière, auquel les gens les plus simples puissent participer ?

Ne devrions-nous pas porter une attention toute particulière au jour le plus important de tous pour notre nation ?

Ces pensées s'imposaient fortement à moi au moment où je pénétrais dans les couloirs de l'Hôtel Sheraton, le matin de l'investiture du Président Bush. J'étais attristée qu'il n'y ait pas la moindre réunion de prières à laquelle nous aurions pu nous joindre, en cette journée si importante pour l'Amérique et aussi pour le monde. J'exprimais ce que je ressentais à mon amie Connie Snapp DeBord, qui avait été responsable des média pour la campagne de Pat Robertson et qui, plus tard, travailla au quartier général de la campagne de Bush. Et soudain Dieu me parla et me dit d'organiser cette rencontre de prières qui faisait défaut. Lorsque je fis part à Connie de la pensée qui me venait de Dieu, elle me répondit :

- *Oui, vous pouvez le faire ! Il faudra seulement en prévoir l'organisation au moins un an à l'avance.*

C'est ainsi que je me mis à faire des préparatifs, en vue de l'investiture suivante. Lorsque Dieu me demanda d'être moi-même l'hôtesse de ce petit-déjeuner de prière présidentiel, qui devait se tenir quatre ans plus tard, nous ignorions qui serait le Président-élu, et quel parti allait gagner les élections. Nous ne savions même pas quels seraient les candidats.

Or, lorsque Bill Clinton remporta la victoire, de nombreux chrétiens marquèrent leur désapprobation en boycottant l'assistance à son investiture et, intentionnellement, allèrent se réunir pour prier à Philadelphie.

Le célèbre journaliste et commentateur Cal Thomas écrivit alors un article dont il eut l'amabilité de me faxer le texte avant sa parution dans la presse. Il disait ceci : "*Il demandait du pain, ils lui ont donné une pierre*".

Bill Clinton avait, en effet, pris la parole dans son église baptiste, avant de partir pour Washington, et il avait demandé aux chrétiens de tout le pays de prier pour lui. Mais, au lieu de cela, la plupart d'entre eux pensaient plutôt à le lapider.

Quant à nous, que nous approuvions ou non ses points de vue, une chose était sûre : il était notre président et Dieu nous appelait à nous tenir derrière lui par nos prières.

Le Seigneur m'accorda bientôt le privilège de faire la connaissance d'Annette Lantos, à Jérusalem et, peu après, de son mari Tom, qui était membre du Congrès. Nous nous sommes liées d'amitié et ce couple a fait en sorte que je sois choisie comme pasteur officiel pour le jour du renouvellement du Congrès américain.

C'est ainsi que le 14 Février 1995, je me tins devant les représentants des différents Etats pour les conduire dans la prière ! Le porte-parole du Sénat, Newt Gingrich de Georgie, me présenta et je fis monter au Seigneur la prière suivante :

> *Ô Seigneur, Tu es saint, juste et équitable, dans toutes Tes voies. Tu es en train de réveiller et de guérir notre nation par Ta présence, en cette heure cruciale, en ce jour stratégique, car Ta présence guérit, elle crée et elle provoque des changements, non seulement dans notre pays, mais dans toutes les nations du monde. Nous déclarons l'accélération et l'accomplissement de Tes plans et de Tes desseins pour notre grande nation, au moyen de ces hommes et de ces femmes engagés, qui ont reçu l'autorité de Ta main et de la part du peuple de ce pays.*
>
> *Sois pour nous sagesse, connaissance, intelligence, et établis la paix, la justice et la droiture dans toutes nos décisions. Que Ton Amour soit répandu parmi nous !*

A Toi appartiennent le règne, la puissance et la gloire. Que Ta gloire remplisse cette chambre des Représentants ! C'est en Ton nom que j'élève ma prière, amen !

J'ai ensuite déclaré que la gloire du Seigneur allait remplir le Congrès et même toute notre nation. Mais j'étais loin de penser que le privilège me serait accordé de revenir en Amérique pour aider à l'accomplissement de cette parole. Lorsque je suis descendue de l'estrade, la première personne à qui le chapelain Ford me présenta fut Bill Richardson, du Nouveau Mexique. C'est lui qui devint notre ambassadeur auprès des Nations Unies après la réélection de Clinton.

En sa qualité de membre du Congrès, il s'occupait également de nombreux problèmes pour le compte du Président ; or, il venait de rentrer de Corée du Nord. Lorsqu'il apprit mon désir de me rendre dans ce pays, il m'assura qu'il pourrait m'y aider. Cela s'avéra difficile, à cause de son emploi du temps trop chargé, mais il essaya. Et c'est du Sénateur Stewart Greenleaf, de l'état de Pennsylvanie, que finalement Dieu se servit pour réaliser cette promesse.

En quittant la Chambre des Représentants, nous étions invités à déjeuner au restaurant d'affaires du Sam Rayburn Building. Plusieurs membres du Congrès se trouvaient à des tables proches de la nôtre. J'aperçus ainsi Madeleine Albright, à l'époque notre ambassadrice aux Nations-Unies, et qui allait bientôt devenir, sous le second gouvernement Clinton, la première femme Secrétaire d'Etat. J'allai rapidement la trouver, je me présentai et nous parlâmes quelques minutes.

Lorsque Dieu tient les rênes, Il sait bien comment nous placer aux bons endroits pour nous faire rencontrer les bonnes personnes, en vue de l'accomplissement de Ses plans. J'ai eu, depuis, d'autres contacts avec elle. Un an plus tard exactement, j'eus le privilège d'être, pendant deux jours, l'invitée d'honneur du Sénat de l'état de Pennsylvanie, en qualité de chapelain (terme donné au pasteur représentant l'autorité religieuse dans certains milieux officiels, comme aussi dans l'armée. NdT).

Après avoir prononcé la prière d'ouverture, je fus autorisée à passer toute le journée à la Chambre, et je suis restée là, à prier pour l'Etat et pour la nation. Pour moi, cela revêtait une signification profonde d'avoir l'occasion de revenir à la source, à l'endroit où l'Amérique était née, et d'y intercéder pour le réveil ! En Avril, ce fut le tour de mon frère d'être appelé comme chapelain, au Sénat du même Etat. Dieu élève les Siens pour la cause du réveil. Croyez que c'est possible et Il le fera aussi pour vous. Si seulement nous parvenons à garder les yeux fixés sur le Ciel, Dieu fera le travail pour nous. Regardons à ce qui est éternel, aux richesses invisibles de Son royaume.

Et puisqu'Il répand sur nous, de plus en plus, l'onction qui nous permet de voir dans le monde spirituel, recherchons les trésors éternels dans chacune de nos réunions. Recherchez la gloire ! Attendez-en la manifestation ; laissez Dieu vous oindre en vue de l'excellence. Car les temps qui viennent sont complètement nouveaux.

Qu'Il vous élève dans l'Esprit. Levez-vous pour être à la hauteur du défi que nous lance l'époque actuelle. Soyez l'homme, la femme, que Dieu cherche à employer comme canal de Sa bénédiction en ce temps de réveil !

L'année dernière, une personne avait rêvé que mon frère rentrait chez lui avec des Amish, dans une de leurs vieilles charrettes ; elle fut déçue parce que mon frère était mort sans que le rêve se réalise. Mais, quelques mois plus tard, Dieu ouvrit soudain une porte à notre ministère au milieu des Amish. L'instrument en fut la famille Akers, membre de notre équipe à Ashland.

Cela commença un jour où les Akers allèrent prier au milieu d'eux pour des malades. Ensuite, leur ministère continua par des rencontres de louange et d'adoration. J'ai encouragé la sœur Akers à leur apporter le livre de mon frère **Hear The Voice of God** (*Entendre la Voix de Dieu*) ainsi que **"La Gloire"**, en cadeau. Et lorsqu'elle les vit remonter dans leur charrette pour retourner chez eux, en emportant ces livres, son cœur fut rempli de joie car c'est elle qui avait reçu le rêve mentionné plus haut, et elle réalisait que, la photo de mon frère étant sur la couverture de son livre, c'était comme s'il repartait avec eux. Bientôt, un glorieux réveil commença au milieu des Amish.

Seigneur,
Dans le nom de Jésus nous décrétons sur chaque personne qui lira ces pages, une plénitude d'esprit surpassant tout ce qu'elle a pu connaître jusqu'ici. Seigneur, Tu nous élèves pour servir Tes desseins éternels. Tu nous élèves, en ce jour et à cette heure, pour le réveil. Nous ne voulons ni hésiter, ni manquer l'appel. Nous n'allons pas broncher. Nous nous élèverons jusqu'aux sommets que Tu nous as préparés, pour la gloire du réveil.
Nous laissons de côté ce qui est temporel et nous revêtons ce qui est éternel.
Loué soit Ton nom, Seigneur ! Amen.

CHAPITRE 3

SE PREPARER POUR LE REVEIL

Cette nuit-là, le roi ne put pas dormir, et il se fit apporter le livre des annales, les Chroniques. On les lut devant le roi, et l'on trouva écrit ce que Mardochée avait révélé au sujet de Bigthan et de Théresch, les deux eunuques du roi, gardes du seuil, qui avaient voulu porter la main sur le roi Assuérus. Le roi dit : Quelle marque de distinction et d'honneur Mardochée a-t-il reçue pour cela ? Il n'a rien reçu, répondirent ceux qui servaient le roi. Alors le roi dit : Qui est dans la cour ? - Haman était venu dans la cour extérieure de la maison du roi, pour demander au roi de faire pendre Mardochée au bois qu'il avait préparé pour lui. **(Esther 6¹⁻⁴).**

Dieu nous offre l'opportunité de nous préparer pour le réveil. Malheureusement, beaucoup de chrétiens ne se sentent pas capables de Lui accorder dès maintenant le temps nécessaire à cette préparation. Leurs vies sont bien trop compliquées et leurs engagements trop nombreux. Pourtant, Dieu nous presse de mettre nos affaires en ordre afin de nous rendre disponibles pour le grand et glorieux mouvement de l'Esprit qui arrive ou qui, en bien des lieux, est déjà là.

Ainsi, peu de temps avant que n'éclate le réveil dans l'Assemblée de Dieu de Brownsville, à Pensacola, le Seigneur avait mis au cœur de mon ami Marty Mitchell de régler tous les problèmes en attente dans ses affaires ; Il lui dit même de prendre sa retraite, afin d'être entièrement libre pour Son service. Marty ne comprenait pas très bien ce que le Seigneur voulait dire ; il songeait qu'une plus grande liberté lui permettrait en tous cas de prendre de longues vacances et de faire tout ce qu'il avait laissé de côté, faute de temps, depuis des années. Mais le réveil éclata peu après qu'il eut obéi et mis ses affaires en ordre, et il se trouva libre de se consacrer complètement à ce formidable mouvement qui continue encore aujourd'hui à visiter Brownsville. D'ailleurs plusieurs autres membres de cette grande église avaient aussi reçu le même appel, si bien qu'au moment où le réveil survint, ils étaient prêts.

Ce réveil de Brownsville est impressionnant à bien des égards. Ce qui me touche, en particulier, c'est la manière dont chaque membre de la congrégation a accepté de réorganiser sa vie pour se rendre disponible pour le réveil : les membres de la chorale, ceux du service d'accueil, l'équipe administrative, celle du service des cassettes, celle des parkings et d'autres encore. Sans oublier bien sûr Lils Terhune, responsable des intercesseurs, qui m'est particulièrement chère. Tous se sont donnés entièrement au Corps de Christ et à l'œuvre du réveil. Lors d'une conférence destinée aux pasteurs, Brenda, l'épouse du pasteur John Kilpatrick, qui est elle-même prédicatrice, parla sur le thème suivant : "Comment survivre au Réveil ?" Elle décrivit les multiples changements que chacun dut apporter à son style de vie ; entre autres, elle n'avait plus le temps de confectionner tous les bons petits plats qu'elle avait l'habitude de cuire au four... Comme elle, beaucoup avaient été forcés de simplifier leur vie dans tous les domaines lorsqu'ils furent appelés à se consacrer au réveil.

Ce n'est pas que Dieu veuille priver Ses enfants de leurs activités, mais à cause de Sa bonté à l'égard de tous les hommes, Il les libère pour les rendre capables de rentrer dans la moisson.

Au cours de l'été 1996, j'ai eu la joie, à Jérusalem, d'être interviewée pour une émission télévisée ("Le club des 700"). Les prises de vues eurent lieu sur le Mont Scopus qui surplombe la ville sainte. Après l'enregistrement, j'ai pu parler avec Norm Mentil, le producteur, qui est un de mes amis. Il me confia qu'il réfléchissait souvent aux paroles d'une prophétie que mon frère lui avait donnée quelques mois auparavant. Le Seigneur lui avait déclaré qu'Il allait écarter de sa vie tout ce qui l'encombrait.

La question qu'il se posait depuis lors était celle-ci :

- *Quand est-ce que Dieu va opérer ce travail ?*

- *Norm, lui ai-je répondu en souriant, Dieu attend quelquefois que nous L'aidions un peu !*

En septembre de la même année, nous avons de nouveau participé à la rencontre "Revivalfest" organisée par CBN (1) et nous y avons revu Norm. Il nous a alors raconté qu'après avoir terminé son film à Jérusalem, il était allé se reposer dans sa chambre d'hôtel. Cette semaine de tournage avait été très chargée. Allongé sur son lit, il avait lu un chapitre de "**La Gloire**". Ensuite, il avait éprouvé le besoin de se rafraîchir. Et pendant qu'il était sous la douche, Dieu lui avait demandé de faire un jeûne de quarante jours. Maintenant son jeûne s'achevait et il avait une mine superbe. Il avait mené à bien tout ce qui lui semblait nécessaire pour se débarrasser des activités superflues qui encombraient sa vie. Désormais, il était prêt pour le réveil. J'ai eu des échos de la façon magnifique dont Dieu l'emploie dans la louange et l'adoration, au sein de l'église presbytérienne, à Virginia Beach. Partout, où il est invité, lors de séminaires sur la louange, l'adoration et la gloire, il sait comment introduire l'assemblée toute entière en présence de la gloire.

Il y a quelques années déjà, le Seigneur nous avait dit ici, à Ashland, de mettre nos affaires en ordre. Ceux qui ont été attentifs à ces paroles se sont aperçus que ce n'était pas tellement facile de mettre de l'ordre dans leur vie. Mais nous devons obéir

(1) Christian Broadcast Network : chaîne de TV chrétienne américaine

à ce que Dieu nous demande car, lorsque le réveil sera en plein essor, nous n'aurons plus le temps de régler tranquillement nos problèmes. Alors, n'attendez plus ! Faîtes maintenant le nécessaire pour être prêts ; l'heure venue.

Je dis à ceux qui m'écoutent :
- *S'il se trouve des objets dans votre garage, ou des habits dans vos armoires, que vous n'avez pas utilisés depuis deux ans ou davantage, débarrassez-vous en.*

Ce fut un message sur ce sujet qui provoqua le déménagement de mes amis Bill et Cannie Wilson. Ils vivaient à Atlanta, en Géorgie. Or, Dieu les avait appelés à venir habiter à Capitol Hill, un quartier de Washington, pour Le servir là. Ils se trouvaient disponibles pour obéir à cette direction, car Bill avait pris une retraite anticipée de sa situation d'ingénieur à la Compagnie Autoroutière de Géorgie. Ils avaient tout à fait l'intention de mettre à exécution leur déménagement. Seulement, quelque chose les retenait chaque fois qu'ils réfléchissaient à cette éventuelle décision : leur cave était remplie d'objets et de souvenirs accumulés pendant toute une vie. Il fallait qu'ils décident ce dont ils acceptaient de se débarrasser et, pour le reste des objets, il convenait de les emballer soigneusement pour qu'ils supportent le déménagement. Mais, un jour, quelqu'un remit à Bill une cassette de ce fameux sermon. Il l'écouta à plusieurs reprises. Sans hésiter plus longtemps, il emporta tout le contenu de sa cave, en plusieurs voyages, à des institutions charitables, leur faisant cadeau de tous ces objets accumulés dans son passé, de ces souvenirs précieusement conservés. Ils étaient libres désormais et, depuis qu'ils se sont installés à Washington, ils n'ont cessé de se laisser porter par le char de feu du réveil en marche.

J'ose le dire, le temps ne s'écoule plus comme avant ! Une telle affirmation peut sembler étrange, car les jours ont bien toujours vingt-quatre heures et les heures, soixante minutes mais, dans l'Esprit, on assiste à une réelle accélération du temps. Tout se passe plus rapidement.

Ce qui arrive autour de nous dépasse notre compréhension, sauf si nous nous maintenons au niveau de la gloire. Dans les moments où nous ne sommes pas entourés par son atmosphère, nous pouvons, certes, suivre le rythme du temps naturel mais, au cœur de la gloire, nous ressentons cette accélération de l'Esprit.

Alors, puisque le temps passe plus vite, comment arrivons-nous à tout faire ? C'est là qu'apparaît un mystère : dans un sens, il y a accélération, dans l'autre, Dieu pose le sceau de Son éternité sur ce que nous faisons. Or, dans l'éternité, il n'existe aucune limitation de temps. Alors, si nous demeurons dans la gloire, il y a assez de minutes dans chaque heure, assez d'heures dans chaque journée, pour accomplir la tâche qui nous incombe ; et nous pourrons engranger toute la moisson avant la venue de Jésus. J'ai remarqué, d'ailleurs, que lorsque Dieu a un travail spécial à accomplir, Il choisit souvent pour le faire quelqu'un de très occupé. Il m'est arrivé, un jour où mon emploi du temps était particulièrement rempli, d'avoir une vision de Sa main plaçant une petite cale en or sur la pendule, afin de me donner le temps d'achever le surplus d'activité qu'Il m'appelait à assumer ce jour-là.

Et il n'y a pas très longtemps j'ai vu, pendant une réunion au Camp, la plus étonnante des images : Dieu faisait descendre du ciel des fragments de temps. C'était la première fois que je voyais le temps sous une telle forme. Nous savons qu'il est une donnée appartenant à la terre et que, dans les cieux, aucune limitation ne nous troublera plus. Mais là, je voyais Dieu prenant des mesures de temps et nous les envoyant : il ne se trouvait plus découpé en années, en mois, ni en jours. Le Seigneur me montarit que chaque instant était désormais précieux et devait compter pour Sa gloire Le temps était comme réduit, chaque instant valant de l'or. Apprécions-en la valeur, utilisons-le au maximum et chérissons chaque moment de notre vie.

Mercredi dernier, dans notre église de Richmond, les principaux chants, les prophéties et la prédication de la réunion du soir se trouvèrent centrés sur la venue du Seigneur. Et cela n'avait nullement été programmé. Ruth Carneal, qui fait partie de notre équipe pastorale, me raconta que, plus tôt dans l'après-midi, elle avait eu une vision de cette réunion au cours de laquelle elle avait entendu le Seigneur lui dire d'une voix audible : "*Je viens bientôt !*" Le fait d'entendre Sa voix mit instantanément tous les éléments de la vie de Ruth à leur juste place. Tout d'un coup, certains perdirent toute espèce d'importance. Christ devint de nouveau sa priorité absolue.

Dans un proche avenir, nous verrons venir à Lui des centaines de milliers de personnes au cours d'un seul rassemblement. Dans un passé encore récent, nous étions dans la joie en apprenant que vingt mille nouveaux croyants s'ajoutaient chaque jour à l'Eglise d'Afrique, mais ce à quoi nous assistons actuellement dépasse tout ce que nous avons pu voir précédemment ! La "***Roue au milieu de la roue***" tourne aujourd'hui toujours plus vite. Les temps ordinaires sont terminés. Nous sommes entrés dans une période d'expérience intense dans notre relation avec Dieu ; période qui va durer jusqu'à Son retour. Peut-être vous sera-t-il nécessaire de prendre tout ce qui vous appartient et de vous en débarrasser pour Lui. Laissez-Le vous donner la liberté d'esprit qui vous rende capable d'envisager un tel abandon. Tout ce que vous offrirez à Dieu, Il le prendra ; et Il acceptera tous vos sacrifices.

Finie l'époque des prédications classiques ! Dieu agit selon des voies inhabituelles. Nos messages doivent vibrer d'une urgence nouvelle et ils doivent nous être donnés par révélation !

Certains devraient avoir le courage de jeter au vent les plans personnels qu'ils ont formés, afin de permettre à Dieu de les conduire comme Lui le voudrait. Abandonnez tout votre avenir entre Ses mains et qu'Il en fasse ce qui Lui semblera bon !

Et chaque fois que nous nous tenons dans la présence du Seigneur, n'en repartons pas comme nous sommes entrés ; retournons chez nous différents. Car Son Esprit dépose sur nous de nouvelles onctions. Il faut, sur nos épaules, porter la gloire désormais, et nous préparer à faire tout ce qui s'avérera nécessaire pour que nous nous trouvions prêts pour le réveil.

Une partie des préparatifs se situe sur le plan matériel. A Ashland, les installations du Camp sont très élémentaires. Mon frère projetait la construction de nouveaux bâtiments où l'on puisse loger beaucoup plus de monde, mais il a eu des problèmes pour obtenir les différents permis de construire, ce qui fait que ses plans ont été retardés.

Or, au printemps 1996, revenue à Ashland après avoir prêché à la conférence de pasteurs de Brownsville, en Floride, je lui ai raconté ce que j'avais vu là-bas. Cette église de Brownsville (Pensacola) ne dispose pas de locaux d'hébergement et, pourtant, les gens y viennent du monde entier pour assister aux réunions et recevoir la bénédiction de Dieu. Ils trouvent à se loger dans les hôtels du voisinage. Au lieu de concentrer leurs efforts sur des travaux d'hébergement, les responsables ont acheté les maisons qui entouraient l'église et les ont démolies pour construire de vastes parkings.

La question du parking, au début du réveil, s'était en effet avérée un vrai problème pour ceux qui venaient de loin, beaucoup étant obligés de garer leur voiture à plusieurs kilomètres et de revenir à pied pour les réunions.

Sur ce constat, nous avons pris la décision d'élargir la route qui donne accès au Camp, d'améliorer et d'étendre nos possibilités de parking. Mon frère avait commencé ces travaux lorsque le Maître le rappela à Lui, mais nous avons pu achever ce qu'il avait commencé. Car si les anges sont sur le point d'appeler beaucoup de monde à se rendre à nos lieux de réunions, il faut que nous soyons prêts à accueillir ces foules. Dieu nous donne les visions et Il donne aussi l'accomplissement des visions. A nous ensuite de tout faire pour nous trouver prêts !

Beaucoup doutent encore que le réveil puisse arriver en Amérique (et en France !). Certains pensent même que Dieu S'est détourné de notre nation, mais ils sont grandement dans l'erreur. Dieu agit partout, et le mouvement du réveil grandit rapidement. Ne vous contentez pas de le regarder venir. Décidez plutôt d'y prendre part ! Personnellement, je fais tout pour être à la pointe de ce grand réveil.

D'ailleurs, certains parmi vous joueront un rôle-clé et certains seront employés par le Seigneur, non seulement en Amérique (ou dans leur propre pays) mais au-delà des frontières. Les nations du monde sont mûres pour le réveil. Mettez votre maison en ordre, car Dieu peut fort bien vouloir utiliser votre vie loin de chez vous.

Si c'est votre désir de participer à ce qu'Il fait de très grand, ce désir peut se réaliser. Si c'est ce que vous voulez vraiment, vous l'obtiendrez. Le Seigneur vous élèvera, Il vous amènera à vous déplacer, vous saurez que Sa main est sur vous avec puissance et que tout ce qui vous est arrivé dans le passé a servi à vous préparer pour ce jour. Dieu agit en votre faveur et Il marche devant vous pour préparer le chemin afin que Sa gloire puisse éclater en vous. C'est devant une porte grande ouverte qu'Il vous place, où il ne vous sera pas nécessaire de vous glisser, en forçant. Là, vous serez acceptés, vous pourrez entrer, pour accomplir tout ce à quoi le Seigneur vous a appelés.

Je plains ceux qui croient encore que Dieu ne parle plus à Son peuple comme autrefois. Il n'a pas changé ! Son désir de communiquer avec nous est aussi fort qu'il l'a toujours été. Il veut vous parler, à VOUS. Sa voix descendra sur votre esprit comme un baume, et le guérira de tout vestige de doute et d'incrédulité hérités du passé. Elle sera sur vos souffrances et sur vos blessures le baume dont l'action vous permettra d'aller de l'avant avec confiance, et de prendre part au réveil qui vient sur le peuple de Dieu.

Alors, préparez-vous pour le réveil !

Seigneur,
Attise en moi la flamme du réveil. Que toutes les circonstances de ma vie servent à me rendre prêt pour que Tu puisses m'utiliser dans le réveil.
Au nom de Jésus, amen !

CHAPITRE 4

PROCLAMONS LE REVEIL !

Au chef des chantres. Psaume de David.
Les cieux racontent la gloire de Dieu, et l'étendue manifeste l'œuvre de ses mains. Le jour en instruit un autre jour, la nuit en donne connaissance à une autre nuit. Ce n'est pas un langage, ce ne sont pas des paroles dont le son ne soit point entendu : leur retentissement parcourt toute la terre, leurs accents vont aux extrémités du monde, où il a dressé une tente pour le soleil. (Psaume 19[1-4]).

Il existe un niveau de gloire d'où nous pouvons lancer nos déclarations et d'où notre voix peut s'entendre "***jusqu'aux extrémités de la terre***". De l'endroit où nous sommes, nous libérons notre foi pour atteindre les îles de la mer et les confins du monde par nos proclamations de la gloire du Seigneur et nos déclarations que le réveil est pour aujourd'hui, pour notre génération ! Dieu ne nous a pas fixé de limites mais nous nous les fixons nous-mêmes, lorsque nous ne croyons pas pleinement qu'Il est prêt à accomplir Son œuvre glorieuse par notre moyen. Il fait se lever au-dedans de nous un élan nouveau, plus fort qu'avant : une foi qui croit à la moisson, une foi qui déclare quels sont Ses desseins sur toute la terre, une foi qui élève la voix pour servir la cause du réveil. Dieu a confié une telle voix à l'Eglise, avec mission de déclarer Ses œuvres ; Il attend que nous l'utilisions. Dieu est prêt à répandre Son Esprit et Sa gloire sur nous à l'heure actuelle, partout où quelqu'un déclarera Ses promesses et Ses intentions, Il le fera. Car il ne s'agit pas d'une déclaration émanant de notre intelligence ; non, nous déclarons les projets du Ciel ! Or, lorsque vous déclarez un événement par le Saint-Esprit, Dieu en déclenche l'accomplissement.

Et c'est le moment d'annoncer le réveil, parce que Dieu l'a promis. Je trouve que tous les magazines chrétiens devraient réserver régulièrement une colonne aux progrès du réveil, intitulée par exemple "La Voix du Réveil", dans laquelle seraient consignées toutes les dernières nouvelles de l'action menée par Dieu au jour le jour, dans le monde entier. Dieu bénira ceux qui réserveront une place à ce sujet dans leur publication.

Quant aux émissions de radios chrétiennes, elles devraient également consacrer quelques instants au réveil, au moins une fois par semaine. Mettons-nous résolument à proclamer ce que Dieu fait, et Il agira encore davantage.

L'an dernier, Dieu m'a dit que toute émission de TV chrétienne qui se ferait la voix du réveil resterait à jour financièrement. Aussi, quel que soit votre moyen de communication, utilisez-le en faveur du réveil. Proclamez le réveil sur votre nation !

Un matin, à Jérusalem, au moment où je me réveillais, le Seigneur me dit que je devais commencer à entraîner les gens à chanter un de nos hymnes nationaux : "*America the Beautifull*" (Amérique, la magnifique), partout où j'irais ; et chaque fois que nous chanterions ce chant, nous devrions prononcer la bénédiction sur notre nation. Une telle autorité nous appartient et il est temps que nous en fassions usage ! (Exerçons ce principe, chacun sur notre propre nation ! NdT).

Le Seigneur veut que nous nous laissions tellement consumer par le réveil que nous n'arrivions plus à penser à autre chose, ni à parler d'autre chose, que notre vie soit toute orientée dans sa direction. Car s'il en est ainsi, les autres seront à leur tour gagnés par notre enthousiasme. Vous savez, la fièvre du réveil est contagieuse et, si vous en êtes brûlants, les autres le seront aussi.

L'heure du réveil a sonné ! Nous devons être remplis de cette pensée : parlons-en partout où nous allons. Croyons-y tout le long du jour. Tenons-nous fermement appuyés sur les promesses de Dieu. J'aime le petit chœur "*The River is here !*"-- "*Le Fleuve de Dieu nous invite...*" J'aime proclamer cette vérité chaque matin en me levant : le Fleuve de Dieu avance, le réveil est là ! La gloire de Dieu est visible ! Le moment que nous avons tant attendu, pour lequel nous avons tellement prié est enfin arrivé !

Loué soit Dieu qu'il ait lieu à Toronto. Béni soit Dieu pour Brownsville ! Dieu soit loué pour ce qu'Il fait à Smithton, dans le Missouri, à Wynnewood en Pennsylvanie, ou encore à Tampa en Floride ! Mais ma joie la plus profonde, c'est de me réveiller chaque matin en pouvant déclarer bien haut : "*Nous sommes dans la joie car le fleuve est ici !*" Oui, le fleuve est ici.

Arrêtez vos pensées négatives et ouvrez les yeux sur l'œuvre de Dieu ! Mon cœur est attristé quand je vois tous ceux qui montent en épingle certains aspects des réveils les plus connus de nos jours, juste pour les critiquer. Tout réveil vient de Dieu, même si chacun d'eux revêt des caractères uniques et particuliers. Tout ce que Dieu accomplit ; la bénédiction de Toronto, le réveil de Pensacola, le ministère de Rodney Howard Brown, ce que Dieu opère dans votre église locale ; les ministères de Benny Hinn, de T.D. Jakes, de Oral et Richard Roberts, de Kenneth Hagin, de Kenneth Copeland, de Bonnie et Mahesh Chavda, de Monseigneur Walsh, de Gwen Shaw et de tant d'autres comme eux, ce mouvement tout neuf de l'Esprit-Saint qui se ressent pratiquement dans le monde entier, TOUT CELA VIENT DE DIEU. La capacité de suivre le mouvement peut différer d'un lieu à l'autre ; ce qui explique que nous connaissions des manifestations différentes de la puissance de Dieu. Mais, plus le réveil progresse, plus les similarités recouvrent les différences.

Alors, cessons d'en souligner les défauts et mettons-nous plutôt à proclamer la bénédiction sur notre propre peuple, sur nos familles, sur notre ville, sur notre ministère et sur nous-mêmes. Ce n'est vraiment pas le moment de critiquer ni de regarder avec une grosse loupe les personnes que Dieu emploie. Recevez la bénédiction qui vous est destinée ! Déclarez le réveil pour vous-même ! Et plus vite vous cesserez de faire l'inspection de l'œuvre que Dieu accomplit ailleurs, pour vous mettre à décréter Sa bénédiction sur votre propre cité, plus vite vous la verrez se manifester. Dieu ne l'a-t-Il pas annoncé ?

> ***Car la terre sera remplie de la connaissance de la gloire de l'Eternel comme le fond des mers par les eaux qui le couvrent.*** (**Habakuc 2**[14]).

Engagez donc votre énergie et votre foi dans cette direction et affirmez que ce que la Bible a déclaré est sur le point de s'accomplir. C'est maintenant le temps de Dieu. S'il est écrit que la terre entière sera remplie de la connaissance de la gloire du Seigneur, cela signifie de toute évidence que votre ville et votre maison en seront également remplies. Ne dîtes plus que c'est impossible, mais commencez plutôt à le réclamer. Il en sera ainsi - parce que Dieu l'a déclaré !

Ce que nous constatons sur le plan naturel, nous empêche trop souvent de proclamer avec confiance la volonté de Dieu à l'égard de ceux qui nous entourent. Mais si je vois une vision, qui nous a été donnée par le Saint-Esprit, en train de s'accomplir dans l'enceinte du Capitole, je ne prête plus aucune attention au langage délirant des journalistes qui voudraient nous faire croire que tout est irrémédiablement corrompu dans notre système politique. Puisque Dieu m'a montré qu'Il est à l'œuvre dans ces lieux, ce qui me reste à faire est de Le croire et de l'affirmer.

Un jour, en effet, j'ai vu dans une vision que Dieu ôtait le toit du Capitole ; Il prenait plusieurs hommes, comme s'ils étaient des pièces d'un jeu d'échecs, et Il les retirait de l'édifice. Il prenait ensuite plusieurs autres hommes et les mettait à leur place. Je le crois. Je crois que Dieu tient sous Son contrôle les affaires humaines, c'est donc mon devoir d'élever la voix pour déclarer quelle est Sa volonté pour notre nation et pour le monde. Là voici : ***La Terre sera remplie de la connaissance de la gloire du Seigneur !***

Pourquoi aurais-je peur de proclamer ce que Dieu dit ? Elevez votre voix, avec une grande onction et une grande autorité ! Qu'elle s'entende jusqu'aux extrémités de la terre. Sachez d'ailleurs que si, personnellement, vous faites l'effort de vous impliquer dans le plan grandiose qui est le Sien, Dieu enverra un élargissement dans votre propre vie. Vous n'avez rien à perdre. Croyez que l'œuvre de la Grâce qui transforme va se ressentir au loin comme au près. C'est grand, ce que Dieu fait sur la terre. Au moment où nous sommes arrivés à Jérusalem pour y vivre, le Seigneur nous a donné un ordre : "*Ne voyez que le bien de Jérusalem !*" En même temps, Il me rappela les douze espions qui étaient allés explorer le pays d'Israël à l'époque de Josué. Dix d'entre eux avaient fait un rapport que Dieu avait qualifié de "mauvais".

Même si tout ce qu'ils avaient raconté était exact, leur compte-rendu fit que toute une génération du peuple passa à côté des bénédictions promises. A l'inverse, les deux hommes qui revinrent avec un rapport positif sur le pays furent gardés en vie, et ce sont eux qui firent entrer la nouvelle génération dans la Terre Promise. Dieu nous disait par là que, si nous nous attachions à voir le bien à Jérusalem et si nous ne disions que du bien de Jérusalem, Il nous maintiendrait dans le pays. C'est une habitude qu'il nous a fallu apprendre à cultiver... Je me souviens qu'un jour, je ne l'ai pas respectée : j'ai hoché la tête, en signe d'approbation, devant quelqu'un qui faisait un commentaire négatif sur Jérusalem ; mais j'ai dû ensuite aller voir cette personne et m'excuser d'avoir agi ainsi. Dieu nous a aidés à nous concentrer sur les aspects positifs de la Cité et, en conséquence, nous a gardés sur la terre d'Israël. Nous avons fêté cette année (en Octobre 1997) le 25ème anniversaire de notre ministère dans la Ville Sainte. Ensuite, ce que nous avions appris à Jérusalem, nous l'avons mis en pratique en Amérique et partout où nous sommes allés. En effet, le fait de parler de façon positive d'un peuple, d'une ville, ou d'un pays, nous aide à libérer notre foi à l'égard de ce pays, de cette ville et de ce peuple. Proclamez donc la gloire de Dieu partout où vous vous trouverez ! Refusez tout ce qui n'est pas une attitude d'optimisme face à l'avenir. Et refusez de déclarer autre chose que des bénédictions sur votre pays. Unissez-vous pour croire que Dieu va bénir, comme Il l'a promis. Nous sommes à la veille de la plus formidable visitation du Ciel que le monde ait jamais connue. Soyez fermement décidés à y participer. Il y a un petit chœur que nous chantons depuis des années : "**There's going to be Revival in the Land !**" = "*Le Réveil arrive sur le Pays !*". Chantez celui-ci avec nous ou bien inventez-en un, mais chantez cette réalité ! Que l'atmosphère soit toute chargée de déclarations concernant ce glorieux réveil ! Ma foi l'attend et rien ne pourra me faire cesser de le proclamer, car je commence à le voir se concrétiser, par la puissance de l'Esprit du Dieu Vivant !

Une sœur de la Nouvelle-Angleterre me dit un jour :

"*Ruth, j'ai toujours une impression désagréable lorsque j'entends des prédicateurs employer l'expression "The frozen Northeast" = la froideur spirituelle du Nord-Est des USA.*"

Dieu lui avait donné la vision d'une flamme qui se trouvait déjà allumée dans cette partie des Etats-Unis. Ce n'était pas une très grande flamme, mais c'était quand même du feu. Et, puisqu'elle l'avait vu, elle savait que tout le Nord-Est n'était pas glacial. Cette sœur vint au petit-déjeuner de prière organisé pour l'investiture présidentielle à Washington. Et ce fut pour elle une grande bénédiction de m'entendre dire que je voyais une multitude de petites lumières scintiller sur toute la carte de l'Amérique. Elle réalisa à ce moment-là que ces lumières étaient les mêmes que celles qu'elle avait vu venir sur le Nord-Est, et elle sut avec certitude que Dieu allait envoyer le réveil dans cette région. Une fois que Dieu aura déposé dans votre esprit une vision concernant le réveil pour votre pays, vous ne pourrez plus en parler en termes négatifs. Tout ce que vous verrez, c'est le feu qui commence à brûler et la lumière qui gagne du terrain. Et vous ne saurez plus qu'une chose, c'est que les vents qui soufflent déjà vont atteindre jusqu'à la parcelle la plus reculée de son territoire, du Nord au Sud et de l'Est à l'Ouest. Et vous savez aussi que ce vent de l'Esprit amènera un souffle de vie sur ceux qui sont spirituellement morts et les fera se tenir sur leurs pieds et devenir "***Une très grande armée***" (selon la vision d'**Ezéchiel 37**). Nous le voyons déjà. Dieu nous apprend que le réveil ne se manifestera pas nécessairement de la même manière en tous lieux. Et personne ne doit essayer de copier ce qui s'est produit ailleurs. C'est un temps nouveau, chaque endroit est nouveau. Laissons Dieu accomplir Son œuvre à Son idée ! En même temps, commençons dès aujourd'hui à croire et à affirmer bien haut que le réveil va toucher la région où nous sommes.

Seigneur,
Plus encore que notre pain quotidien, nous désirons voir le réveil toucher notre pays. Alors, nous proclamons la gloire du réveil d'une frontière à l'autre, et d'un océan à l'autre (de la Mer du Nord à la Méditerranée et de l'océan au Jura. NdT).
Dans le nom de Jésus. Amen !

CHAPITRE 5

AYONS SOIF DU REVEIL

Le dernier jour, le grand jour de la fête, Jésus, se tenant debout, s'écria : Si quelqu'un a soif, qu'il vienne à moi, et qu'il boive. Celui qui croit en moi, des fleuves d'eau vive couleront de son sein, comme dit l'Écriture. Il dit cela de l'Esprit que devaient recevoir ceux qui croiraient en lui ; car l'Esprit n'était pas encore, parce que Jésus n'avait pas encore été glorifié. (Jean 7$^{37-39}$).

Il n'est pas dans le caractère du Seigneur de nous laisser sur des frustrations. Si nous avons soif de Sa puissance et de Sa gloire, Il veillera à ce que cette soif soit satisfaite. Celui qui a faim sera rassasié, c'est Sa promesse. Celui qui a soif sera désaltéré. Dieu ne manquera pas à Sa parole : si vous voulez vraiment Le connaitre mieux, vous ne serez pas déçus.

Dans un sens, le courant du fleuve vient sur notre vie de façon telle que nous n'en avons pas le contrôle, mais il est tout aussi vrai que Dieu le fait couler selon le degré de soif qu'Il voit en nous. Le fleuve d'eaux vives descend du Trône, pénètre tout au fond de notre être, puis de nous, coule vers les autres. Notre volonté n'a pas le contrôle de ce flot. Le fleuve a sa volonté propre : *Le Saint-Esprit est cette rivière et la rivière est l'Esprit. La volonté de la rivière est celle du Saint-Esprit.* A nous de nous accorder avec la volonté de Dieu et avec Son courant.

Pour ce qui est des paroles prophétiques, par exemple, elles ne pourront pas être entendues à moins que nous n'ouvrions la bouche pour les prononcer. Il y a d'autres manifestations du fleuve de vie, par lesquelles personne ne sera béni, à moins que nous ne les laissions s'exprimer. Ainsi, bien qu'il possède une volonté propre, nous pouvons l'empêcher d'accomplir l'œuvre qu'il désire, en ne nous livrant pas à lui : "*Laissez couler le Fleuve !*" C'est le titre d'un chant : "*Let the River Flow !*"

J'ai vu, personnellement, la gloire arriver comme un fleuve et, je vous assure que son irruption n'avait rien de "démocratique". Elle n'apparaît pas comme procédant d'un vote. Nous ne pouvons pas choisir en qui elle fera couler l'eau vive. Elle suit sa propre volonté. Nous pouvons, cependant, influencer son cours. Comment cela ? Jésus a dit : "***Si quelqu'un a soif, qu'il vienne à Moi et qu'il boive !***"

Si vous êtes assoiffé et que vous vous trouvez dans une réunion, le cours du message changera pour s'adapter au désir de votre cœur. Car Dieu agira sur l'esprit du prédicateur, l'orientera sur un sujet qu'il n'avait pas pensé aborder, de sorte que toutes vos questions reçoivent leurs réponses. L'ardeur de votre soif touche le cœur de Dieu, plus que toute autre chose. Vous pourriez essayer de l'incliner de cent autres manières, rien ne Le touchera davantage que votre désir à l'égard des réalités spirituelles. Dieu répondra à votre soif de Lui.

L'ennemi de nos âmes connaît le pouvoir du désir et il essaiera de canaliser le vôtre vers d'autres objets. Mais ne le laissez pas faire. Veillez sur cette soif de Dieu et ne permettez à rien d'en diluer l'intensité. Qu'elle grandisse, au contraire, et de plus en plus ! Eloignez-vous de ce qui l'atténue et tenez-vous à proximité de ce qui contribue à l'augmenter. Plus encore, travaillez à créer cette soif chez les autres.

Comment y parvenir ? Lorsque les gens entendent Dieu leur parler, ils n'ont plus qu'une envie, c'est de L'entendre encore. Lorsqu'ils se sentent touchés par le Seigneur, ils désirent qu'Il les touche de nouveau. S'ils reçoivent une révélation nouvelle, ils aspirent à en recevoir d'autres. Dieu sait comment donner soif de Lui, et Il le fera pour chacun de nous, si nous Lui en laissons la liberté.

Trop d'Américains n'aiment que la viande et les pommes de terre. Ils ont grandi avec ces aliments et c'est la nourriture qui leur plaît. Le nombre de ceux qui n'aiment ni les légumes verts, ni d'autres produits sains et utiles est surprenant. Le goût pour telle ou telle sorte d'aliments est ainsi acquis au cours de l'enfance. Nous avons presque tous une liste de choses que nous n'aimons pas. Pourtant, cette attitude peut nous limiter. Je considère comme un privilège le fait d'avoir vécu et voyagé dans de nombreux pays, ce qui m'a procuré une large palette de goûts pour des nourritures variées.

Nous avons le choix : soit nous apprécions bien des aliments variés auxquels la plupart des gens ne goûtent jamais, soit nous nous limitons à quelques-uns auxquels nous sommes habitués. Personne ne peut nous forcer à aimer tel ou tel produit ; pourtant, il serait sage parfois d'y goûter pour savoir si nous sommes en mesure de l'apprécier. Le même choix se présente en ce qui concerne les richesses spirituelles. Dans mon enfance, j'ai ressenti la gloire, lors de certaines réunions. J'en ai même été comblée au point que je n'ai jamais pu me satisfaire d'expériences spirituelles moins élevées. J'ai acquis ainsi très tôt dans ma vie le goût du réveil, et là où je n'en vois aucun signe, je reste insatisfaite.

Beaucoup de croyants ayant soif de Dieu se trouvent frustrés de ne pas avoir près de chez eux une église réveillée. Même si cela présente un problème, ce n'est pourtant pas une excuse pour ne pas entrer eux-mêmes dans le mouvement de Dieu. J'ai eu le bonheur d'avoir une part dans le Renouveau Charismatique, dès son origine. Et, depuis près de quarante ans, j'ai passé la plus grande partie de ma vie dans des milieux non-pentecôtistes. J'ai vu l'Esprit de Dieu toucher toutes les dénominations. Les seuls moments où je me retrouvais au sein du peuple pentecôtiste étaient ceux où je revenais à Ashland, chaque année. La plupart des frères et sœurs avec qui j'ai travaillé ne voyaient pas leurs églises s'ouvrir toutes grandes au souffle du Saint-Esprit, ni leurs leaders entrer dans le courant de la gloire de Dieu. Pourtant, lorsqu'ils avaient vraiment faim et soif d'eau vive, ils tenaient bon. Ceux qui voulaient avancer avec Dieu ont commencé à participer à des réunions de prières en semaine. Ainsi, Bette Mengistu, un de nos fils spirituels qui est aujourd'hui apôtre de l'Eglise Ethiopienne, a débuté par une réunion de ce type dans sa maison de Nairobi au Kenya. Aujourd'hui, il rassemble près de deux mille personnes chaque semaine : les gens ont soif de Dieu !

Si votre église est emportée par le fleuve et si le fleuve coule au milieu d'elle, considérez que vous êtes bénis, car il n'en est pas ainsi partout. Certaines églises jouissent d'un bâtiment agréablement aménagé, ont une belle chorale et un superbe programme, mais on n'y trouve pas le flot de la gloire et elles n'ont que peu de vie. Si votre église est de celles-là, cela ne vous dispense pas d'entrer dans la rivière pour vous-même, ni de la laisser couler en vous. Dieu répond aux cœurs qui ont soif de Lui. Si vous êtes membre d'une assemblée où l'on ne voit pas encore le fleuve couler, je vous encourage à organiser une réunion de prières chez vous, où vous pourrez laisser à Dieu toute liberté d'agir. Mettez-vous chaque jour à Sa disposition. Alors, Luimême vous instruira et vous sentirez Sa main sur vos épaules de façon nouvelle, dans les jours qui viennent. Le Seigneur sera tout proche, Il murmurera à vos oreilles, parlera à votre cœur et écrira Ses pensées dans votre esprit. Vous pouvez faire partie de ceux qui sont simples et profonds à la fois. Vous pouvez avoir connaissance des mystères cachés depuis la fondation du monde. Ce ne sera pas par l'intelligence de la chair, mais par la révélation de l'Esprit. Le Seigneur vous élèvera de plus en plus dans Son Esprit jusqu'à ce que Son fleuve coule en vous et hors de vous, pour bénir tout votre entourage. En Israël, des gens viennent de partout, pour participer à toutes sortes de conférences ; et j'ai observé, ces dernières années, que beaucoup sont prêts pour le réveil. Car le réveil qui touche différentes parties du monde crée une soif nouvelle, et un grand nombre n'hésite pas à prendre l'avion pour découvrir par eux-mêmes ce que Dieu fait. Ils désirent assister aux rencontres où l'Esprit agit et, quand ils viennent de très loin, leur attente est immense.

A Jérusalem, certains organisateurs locaux de ce type de conférences étaient restés, jusque là, très conservateurs. Seulement, ils se sont trouvés obligés d'ouvrir bien davantage les conférences à la mouvance du Saint-Esprit, à cause de la faim et de la soif des participants. Ceux-ci étaient prêts à entrer dans le courant de vie, prêts à danser, à exprimer leur joie, à prier avec enthousiasme ; si bien que les responsables, dans le désir que leurs conférences soient un plein succès, se sont vus forcés de s'ouvrir à cette liberté, même si elle leur était étrangère.

Le réveil vient en réponse à la soif du peuple. Autrefois, nous le voyions davantage partir des estrades pour gagner les congrégations. Mais il semble bien aujourd'hui commencer au milieu des croyants eux-mêmes. Cette donnée nouvelle oblige les leaders à se rendre là où le réveil est en marche, pour que leur propre vie en soit touchée et qu'ils aient ainsi de quoi nourrir ceux qui leur sont confiés. Certains pasteurs gardent une réticence envers les changements qu'impose le réveil.

Il leur faut retourner à plusieurs reprises là où il souffle, avant d'être rendus capables de lâcher complètement les rênes et d'obéir à la voix de Dieu. Traditions et inhibitions ne nous quittent pas toujours facilement. Mais, si notre désir du réveil est sincère, nous ferons tout pour y parvenir. Si la soif est profonde, tout sera possible.

Des croyants qui n'avaient jamais prophétisé, en tous cas pas sous forme de prophéties individuelles, se mettent à exercer ce don comme s'ils l'avaient fait toute leur vie. Une fois que cette liberté vient en vous, elle vous appartient. Quelques-uns mettront peut-être un certain temps pour gagner l'extrémité du plongeoir, et plus de temps encore à faire le saut de la foi ; ils feront plusieurs retours en arrière pour rassembler leur courage. Mais, une fois qu'ils se seront décidés à plonger, la crainte s'évanouira très vite et la plongée leur deviendra une seconde nature.

De même, quand il s'agit d'apprendre à monter à bicyclette ou d'apprendre à conduire, si vous n'en avez pas absolument besoin, ou envie, vous ne ferez pas les efforts nécessaires pour y arriver. C'est une question de choix : la soif d'apprendre ou l'absence de cette soif fera toute la différence. Si votre désir est assez fort, si vous le voulez à tout prix, vous vous élancerez du haut du plongeoir. Mais sans désir, sans motivation profonde, il est inutile d'essayer. Si Dieu nous donne un message, répondons-Lui immédiatement. Pourquoi attendre ? N'attendons pas la fin de la réunion, ni une meilleure occasion. Ayons tellement faim que nous viendrons à Sa table au premier appel. Si l'eau vive coule, si une invitation est lancée, si l'opportunité est offerte, pour quelle raison attendre ? C'est le moment de se mettre à nager dans le fleuve de Dieu.

Je n'ai jamais été douée pour le crawl, j'aimais mieux regarder et avancer droit devant moi ; mais, il n'y a pas longtemps, je me suis vue en Esprit pratiquant le crawl : ainsi, le Seigneur nous enseigne quelques nouveaux mouvements et nous donne la force de les exécuter. Il nous offre "*des eaux profondes, à traverser à la nage*" :

> **Il mesura encore mille coudées ; c'était un torrent que je ne pouvais traverser, car l'eau était si profonde qu'il fallait y nager ; c'était un torrent qu'on ne pouvait traverser.** (**Ezéchiel 47**[5]).

Ces eaux dans lesquelles Dieu nous appelle à nager sont merveilleuses ! Mais tant que nous n'y avons pas plongé, nous ne pouvons pas nous rendre compte à quel point elles le sont. A moins d'y entrer, nous ne pouvons ni les apprécier, ni en expérimenter l'utilité.

Le courant de Dieu est glorieux. Il est profond. Il est pur. Mettez-vous à nager vous aussi ! Il devient "*une eau si profonde qu'il faut y nager*" une fois que l'on y est entré. Que nous pratiquions un mouvement nouveau ou ancien, que nous le fassions sur le ventre, sur le dos ou sur le côté, nous sommes appelés à nager !

Le moment est venu de nager. Ne parlez même plus du fleuve de Dieu si vous n'êtes pas prêt à vous jeter dedans. Car, si vous vouliez essayer d'entrer dans Ses eaux profondes, mais sans accepter de perdre pied et de nager, vous pourriez vous trouver en difficulté.

Lorsque les enfants d'Israël arrivèrent devant la Mer Rouge, elle leur parut constituer un obstacle infranchissable. Mais dès qu'ils comprirent que les Egyptiens approchaient, ils mirent toute leur énergie à crier à Dieu pour qu'Il ouvre la Mer. Ainsi, quelquefois, Dieu est amené à utiliser les circonstances pour nous pousser à faire ce qu'Il attend de nous. Alors, si vous n'avez pas envie de vous jeter dans le fleuve, Il va peut-être permettre un événement qui provoquera ce désir. Le temps est passé de composer de beaux poèmes et de disserter sur le fleuve d'eau vive. C'est le temps d'y entrer et de se mettre à y nager ! Certains croyants savent bien décrire les divers tons de la rivière, ses odeurs, les poissons qui s'y trouvent. Il n'y a rien de mal à cela, mais certains sont tellement concentrés sur sa beauté qu'on les appelle les "river people" et, malgré toute leur attirance, ils n'y nagent pas encore. Entrez dans le courant et commencez à faire quelques mouvements. Vous avez assez pique-niqué sur ses rives, maintenant, jetez-vous à l'eau ! Il y a beaucoup de gens, notamment parmi ceux dont la profession s'exerce dans l'entourage d'un ministère, qui ne trouvent plus grand intérêt aux choses de Dieu. Pour ma part, j'aime me trouver au milieu de ceux qui parlent du Seigneur, qui ne se lassent jamais d'entendre les mêmes récits concernant Sa bonté. Mais que peut-Il faire pour ceux qui n'ont aucune soif, aucune envie de coopérer avec Lui ?

Depuis la fin de l'été 1997, nous avons maintenu pendant les week-ends, les réunions que nous assurions au cours de la convention. Nous leurs avons apporté quelques changements, nous avons supprimé la réunion de l'après-midi et reculé l'heure du déjeuner. Ceci nous a permis de passer plus de temps dans la présence de Dieu à la fin de la rencontre du matin. Car nous ne voulons plus être pressés par le temps quand nous sommes dans Sa communion, ni avoir à nous relever rapidement lorsque nous nous trouvons allongés par terre sous la puissance de Sa main. Avoir eu des parents remplis d'une si grande soif de Dieu, dans notre enfance, fut une immense bénédiction. Car, bien qu'ils fussent eux-mêmes pasteurs, chaque fois qu'ils apprenaient que Dieu agissait quelque part de façon spéciale, ils mettaient quelques affaires dans la voiture et nous emmenaient avec eux. Ils s'arrêtaient en route pour acheter de quoi faire des sandwiches et nous nous rendions sur les lieux du réveil.

Rendez-vous compte ! J'ai ainsi eu, dans mon enfance, le privilège de m'asseoir au premier rang et d'entendre tous les grands messagers, hommes et femmes, par la bouche desquels coulait le fleuve d'eau vive, à cette époque-là : Oral Roberts, William Branham, Jack Cœ et plusieurs autres. Quelle bénédiction furent pour ma vie toutes ces richesses semées dans mon esprit d'enfant ! Ces trésors ne m'ont jamais quittée, mais ils ont continué à se développer. En présence de l'onction et de la gloire, des semences de grandeur se déposent dans notre vie lorsque nous en avons faim et soif.

Comment certains peuvent-ils se montrer tellement blasés ? Alors que Dieu agit sous leurs yeux, ils n'y prêtent pas la moindre attention, ils ne font même pas preuve du moindre respect ! Là où Dieu manifeste Sa vie, courons pour découvrir ce qu'Il fait ! Allons ! Buvons à la fontaine, et regardez comment Son Esprit travaille ! Dieu accomplit Son œuvre de façon un peu différente en chaque endroit, parce que nos perceptions sont diverses et nous avons des manières différentes de nous livrer à Son action, mais c'est partout le même réveil, c'est le même fleuve, c'est la même gloire que Dieu répand du Ciel ! Si donc nous avons soif, la solution est simple : venons et buvons. Ces trois démarches sont nécessaires : avoir soif, venir à Jésus, et boire. En suivant cet ordre, vous aurez la garantie que "***des fleuves d'eau vive couleront de votre sein***". Nous n'avons aucun mal à comprendre ces vérités si nous sommes baptisés du Saint-Esprit ; car personne, en effet, ne vient à Jésus s'il n'a pas soif de Dieu ; mais il faut encore faire un pas de plus et, par la foi, boire, recevoir ce qu'Il nous offre. Alors une rivière sera libérée à l'intérieur de notre être. Oh ! Que Dieu mette en vous aujourd'hui une véritable soif du réveil, Lui qui a fait cette promesse :

> ***Heureux ceux qui ont faim et soif de justice, car ils seront rassasiés !*** (**Matthieu 5**[6]).

Seigneur,
Tu nous as donné faim de Toi, faim de voir la manifestation de Ta personne sur toute la Terre. Nous avons soif de voir le réveil, le réveil dans la gloire ! Rassasie-nous rapidement, nous Te le demandons.
En Ton nom, amen !

CHAPITRE 6

PROPHETISONS LE REVEIL

Ce n'est pas, en effet, en suivant des fables habilement conçues, que nous vous avons fait connaître la puissance et l'avènement de notre Seigneur Jésus-Christ, mais c'est comme ayant vu sa majesté de nos propres yeux. Car il a reçu de Dieu le Père honneur et gloire, quand la gloire magnifique lui fit entendre une voix qui disait : Celui-ci est mon Fils bien-aimé, en qui j'ai mis toute mon affection. Et nous avons entendu cette voix venant du ciel, lorsque nous étions avec lui sur la sainte montagne. Et nous tenons pour d'autant plus certaine la parole prophétique, à laquelle vous faites bien de prêter attention, comme à une lampe qui brille dans un lieu obscur, jusqu'à ce que le jour vienne à paraître et que l'étoile du matin se lève dans vos cœurs ; sachant tout d'abord vous-mêmes qu'aucune prophétie de l'Écriture ne peut être un objet d'interprétation particulière, car ce n'est pas par une volonté d'homme qu'une prophétie a jamais été apportée, mais c'est poussés par le Saint-Esprit que des hommes ont parlé de la part de Dieu. (2 Pierre 1:16-21).

Une voix prophétique est à l'œuvre aujourd'hui dans le monde, qui va bien au-delà de ce que l'homme est capable de contrôler. Elle n'a rien à voir avec ce qui nous a été enseigné jusqu'ici. Les paroles que Dieu a prononcées sur nos vies ne tombent pas sous le contrôle ou les volontés d'autres hommes. Si nous acceptons d'y répondre en entrant dans le mouvement du Saint-Esprit, ce que Dieu a déclaré s'accomplira et rien ni personne ne pourra l'arrêter.

Le secret réside dans notre réaction à l'égard du Saint-Esprit lorsqu'Il agit en nous. L'un des plus merveilleux aspects de ce courant du réveil est que l'Esprit de Dieu nous apprend à répondre à Sa visitation et rien ne peut être plus important. Alors si Dieu veut parler, soyons de ceux qu'Il peut employer.

Beaucoup font opposition à la prophétie à cause d'expériences négatives faites dans le passé. Mais il n'est pas surprenant que le diable combatte la manifestation de ce don qui, précisément sera la clé de notre élévation et qui vous permettra d'avoir accès à des gens très importants. Tous ceux qui ont reçu la parole prophétique que Dieu offre à Son peuple aujourd'hui ont constaté que ce don, à lui seul, leur ouvre des portes les unes après les autres.

Il arrive que Dieu veuille que nous prophétisions à un moment - ou dans un endroit - où nous n'en avons pas envie ; souvenons-nous alors qu'Ezéchiel a prophétisé "***comme il en avait reçu l'ordre***". Le lieu où Dieu l'avait envoyé était le pire qu'il puisse imaginer, de son point de vue ; car il était prêtre et en cette qualité, il ne devait en aucun cas s'approcher d'un mort. C'était vraiment la pire des conditions pour annoncer le réveil ! Et si encore les corps avaient été soigneusement placés dans des tombes ! Mais non, les ossements étaient dispersés de tous côtés.

En plus, ils n'étaient pas seulement desséchés, ils étaient "***complètement secs***". Cela signifie que cette multitude de corps étaient morts, et bien morts, et depuis longtemps. Je ne sais pas pourquoi il en est ainsi, mais il semble que le réveil ne commence jamais dans des milieux à moitié vivants. Il prend en général naissance là où les gens sont complètement morts.

Je me rappelle le temps où l'effusion de l'Esprit arriva en Californie parmi les épiscopaliens. Tout le monde pensait que, s'il y avait un réveil, il commencerait certainement parmi les pentecôtistes, sinon, au moins parmi les baptistes, des croyants déjà nés de nouveau. Mais chez les épiscopaliens ! Comment Dieu pouvait-Il les visiter en priorité ?

Mais c'est souvent ainsi que Dieu fait débuter une œuvre, non pas en utilisant ceux qui sont vivants à moitié, mais en employant ceux au milieu desquels Il a l'occasion de faire éclater "l'extrême grandeur de Sa puissance". Le Seigneur choisit les situations les plus impossibles pour que tout le monde reconnaisse que l'homme n'a rien à voir dans le miracle. Par sa volonté, il aurait pu, à la limite, influencer des personnes encore à demi vivantes mais certainement pas des morts. Pour ramener des squelettes à la vie, il faut l'onction surnaturelle du Dieu Vivant, Sa puissance miraculeuse.

Chaque réveil a commencé parmi ceux qu'on attendait le moins. La prochaine personne à être sauvée dans votre famille ne sera peut-être pas celle que vous avez prévue. Ce pourrait même bien être la dernière à laquelle vous pensez. Participez au miracle en prophétisant la parole de Dieu sur votre situation familiale.

La Bible a été écrite parce que "***De saints hommes de Dieu ont parlé, poussés par le Saint-Esprit***". Elle n'est pas le résultat d'une volonté humaine. L'homme n'est pas à l'origine de la Parole de Dieu ; sa part, c'est d'y répondre. Alors, quand vous sentez votre cœur battre très fort, quand vous sentez la "**roue**" tourner en vous, sachez que le moment d'agir est venu.

Lorsqu'une parole prophétique nous est adressée, c'est un rayon de lumière qui vient illuminer notre cœur. Il traverse l'obscurité de notre intelligence. Dans les jours qui suivront, nous ne nous appuierons plus sur notre propre sagesse : nous suivrons la parole prophétique que Dieu a suscitée dans notre cœur, même si cette entreprise nous semble impossible.

Une parole prophétique sûre nous est inspirée et, à notre tour, nous avons à la communiquer aux autres. La parole prophétique s'accompagne de puissance créatrice ; et lorsque nous commençons à prophétiser, quelque chose se passe dans les lieux célestes.

S'il ne se trouve personne à qui vous adresser, prophétisez aux montagnes ! Vous allez me dire : "Vous plaisantez ! Prophétiser aux montagnes ?" Mais oui ! Dieu a ordonné à Ezéchiel de prophétiser aux vents ; alors vous pouvez le faire aux montagnes, aux vallées, aux villes, aux murs, à tout ce qui se trouve devant vous. Dites par exemple : "*Murs, au nom du Seigneur, tombez !*" Et ils commenceront à vaciller. Prophétisez aux barrières. Elles sont beaucoup trop nombreuses à diviser les frères et sœurs, et nous avons besoin qu'elles s'écroulent. Dites-leur : "*Barrières, tombez au nom du Seigneur !*"

Peut-être, pour commencer, préférez-vous prophétiser pendant le chant des cantiques, ou quand l'assemblée prie à hautevoix, car vous n'aurez pas peur qu'on vous entende. Mais au bout d'un certain temps, vous abandonnerez ce genre de réserve et ne vous inquiéterez plus de ce que quelqu'un vous écoute. Le Seigneur peut à n'importe quel moment mettre une parole sur votre cœur : dites-la et vous verrez ce que Dieu va faire. Comme de saints hommes ont été autrefois poussés à écrire la Bible, Dieu pousse aujourd'hui des hommes et des femmes à prophétiser.

La prophétie met en marche une puissance créatrice qu'aucun homme ici-bas ne peut arrêter. Personne ne peut prendre le contrôle de ce qui nous arrive, à vous et à moi. Dieu est souverain. Quand je déclare : "*Il est Seigneur*", je ne peux pas dire simplement "dans mon cœur". Il est Seigneur sur toute ma vie, sur mon cœur et sur tout ce qui m'entoure. Il est le même Seigneur, qui a dit par la voix du psalmiste : "***que mille tombent à ton côté et dix mille à ta droite, tu ne seras pas atteint***" (**Psaume 91[7]**). Cette déclaration peut concerner une situation de guerre (en Bosnie par exemple) mais aussi tout ce que l'ennemi mettra en travers de votre route pour essayer de vous limiter. Ces manœuvres ne vous atteindront pas, parce que vous avez fait du Seigneur votre habitation et que vous reposez confiant sous ses ailes (**Psaume 91**). Ne vous laissez plus submerger dans la détresse à cause des autres. Que votre vie ne soit plus dominée par des conflits avec eux. Ne laissez s'élever aucune division. Certains peuvent bien me souhaiter les pires malheurs du monde, c'est chaque fois quelque chose de bon qui m'arrive. Alors, je refuse de m'attarder à considérer les circonstances et je fixe les yeux sur les promesses que Dieu m'a faites par prophétie.

La base de la pratique du don de prophétie, c'est d'apprendre à ouvrir notre bouche pour dire tout haut le message que Dieu nous donne. C'est le Saint-Esprit qui agit en nous. La prophétie est Son œuvre, mais Il choisit d'utiliser notre voix, notre langue et nos lèvres pour la prononcer.

Nous aimerions peut-être mieux qu'Il choisisse quelqu'un d'autre. Mais nous aurions tort, car Dieu nous fait un honneur. Alors ne Lui résistez pas. La prochaine fois qu'Il frappera à votre porte pour utiliser votre voix, ne le renvoyez pas ! Dites plutôt : "*Oui Seigneur, je suis d'accord. Je suis à Ton service. Je veux que Tu Te serves de moi. Inspire-moi*".

Les hommes de la Bible "***ont parlé, poussés par le Saint-Esprit***". Leur prophétie ne venait pas "***par la volonté de l'homme***". Les prophètes n'avaient pas choisi leur fonction. Leur don s'exprimait lorsqu'ils étaient poussés par l'Esprit de Dieu.

Vous vous demandez si le fait que vous prophétisiez est biblique. Absolument ! La Parole déclare : «***vous pouvez tous prophétiser***» (**1 Corinthiens 14^{31}**). Dieu ne vous forcera pas, mais vous exercerez ce ministère si vous le désirez. C'est possible. C'est permis. Si vous êtes sous la mouvance de l'Esprit du Dieu Vivant, vous pouvez prophétiser.

Pendant qu'Ezéchiel prophétisait, quelque chose a commencé à se produire. J'aime cette synchronisation. Il doit normalement en être ainsi. L'effet ne doit pas s'en ressentir seulement un an plus tard. Il doit commencer à se passer quelque chose pendant que nous parlons.

Dieu dit ensuite à Ezéchiel : «***Prophétise de nouveau***». Vous voyez, deux prophéties suffisent pour susciter le réveil. Quand le Saint-Esprit agit sur vous, prophétisez une première fois, et vous constaterez comme une secousse, suivie d'un rapprochement des éléments dispersés. Puis vous serez conduits à prophétiser une seconde fois. Mais alors, vous ne vous adresserez plus à des ossements tout secs ; vous parlerez au vent, à l'Esprit de Dieu Lui-même et vous Lui direz : «***Esprit, viens, souffle sur ces morts et qu'ils puissent vivre !***»

Quand l'Ecriture parle de l'Esprit venant "***des quatre vents***", elle veut dire des quatre coins du monde, des quatre directions d'où le vent souffle : du Nord, du Sud, de l'Ouest et de l'Est. Pendant que le Saint-Esprit commence à souffler sur les croyants qui sont allongés par terre sous l'onction ; ils se relèvent ensuite et forment «***une très grande armée***». Ces réalités se produisent parce que *la prophétie est la voix du réveil. Laissez votre voix prophétique amener le réveil.* Vous vous épargnerez des milliers d'heures de vaine activité, en n'essayant plus de provoquer le réveil par vos propres efforts. Amenez-le à l'existence en le proclamant avec la puissance de l'Esprit et vous verrez se lever des hommes et des femmes qui prendront leur place comme dans une grande armée.

On me demande quelquefois s'il est préférable de dire «*Ainsi parle le Seigneur*», ou «*Le Seigneur dit que ...*» Peu importe ! Vous n'êtes pas obligés d'employer des formules anciennes. Servez-vous du langage qui vous convient. Soyez conscients que vous n'êtes qu'un porte-parole et attendez-vous à ce que, tout l'enfer se bouche les oreilles et se mette à trembler dès que vous aurez prononcé les simples mots «*Le Seigneur dit que ...*». Mais, ne vous inquiétez pas ! Le Ciel tout entier se mettra à votre écoute pour se réjouir avec vous, et accomplir la parole prophétique que vous aurez donnée.

Pourquoi nous donnons-nous la peine de commencer par ces mots «*Le Seigneur dit...*» ? C'est une bonne question. Quand nous avons appris à réciter des versets bibliques par cœur, nous devions dire la référence, ensuite le verset et terminer de nouveau par la référence (l'endroit dans la Bible où se trouve le texte). De la même façon il est bon de commencer une prophétie par les mots : «*Le Seigneur vous dit...*» ensuite communiquer le message et conclure par ce rappel... «*dit le Seigneur*». Nous procédons ainsi également pour une autre raison : nous voulons que personne n'ignore Qui est en train de parler ; c'est le Seigneur.

A l'instant où vous ouvrez la bouche pour la mettre à Sa disposition, Il vous donne les paroles. Il est si heureux de voir ses enfants prêts à parler pour Lui qu'Il ne tarde pas. Si vous doutez de la bénédiction attachée à votre prophétie, vous n'avez qu'à essayer. Il n'existe aucun meilleur moyen d'en être convaincu. Vous serez sans doute émerveillé que Dieu emploie votre voix et vos lèvres ; vous saurez qu'Il vous a fait lever et vous a donné une sûre parole de prophétie, qui a pour source non la volonté de l'homme, mais le souffle de Son Esprit.

Ce que Dieu désire faire en ces derniers jours ne peut s'accomplir que dans le domaine de la gloire. Nous n'avons plus le temps de remplir notre tâche comme nous le faisions auparavant. Un jour complètement nouveau survient ! Il faut nous lever et permettre à la parole prophétique de faire Son œuvre dans le cœur des hommes et des femmes d'aujourd'hui. La prophétie est puissante. Employez-la pour la gloire de Dieu.

Etes-vous assez sanctifié pour que Dieu se serve de vous, dans ce domaine ? Voyons comment définir la Sainteté : être saint, c'est vivre pour Dieu et Le laisser travailler. Les hommes de la Bible n'étaient pas parfaits ; vous n'avez donc pas à attendre de l'être pour commencer à prophétiser.

Ezéchiel a été transporté par l'Esprit et a reçu l'ordre de le faire. Paul, dès le début de son ministère, sut qu'il était appelé à s'adresser prophétiquement à divers peuples. L'apôtre Jean entendit Jésus lui dire qu'il prophétiserait sur beaucoup de nations et de peuples. N'est-il pas surprenant que ces deux apôtres, l'un faisant partie des Douze depuis le commencement, l'autre appelé bien plus tard, aient tous deux reçu le même message, à savoir qu'ils auraient à prophétiser à de nombreux peuples et nations. Nous avons là la nature même de la prophétie.

Si vous entrez dans ce courant, vous verrez automatiquement votre ministère s'amplifier, s'adresser à d'autres peuples, d'autres nations ou tribus. Vous ne vous exprimerez peut-être jamais dans une langue étrangère, mais Dieu saura prendre cette parole que vous avez donnée dans votre propre langue et s'en servir pour toucher les nations du monde. Elle n'est pas limitée par la langue dans laquelle elle est apportée. Il n'y a aucune limitations dans le courant prophétique.

Car Dieu suscite une voix quand Il veut bénir les nations, les ethnies et les peuples, et cet événement ne découle pas de la volonté d'un homme. Accordons notre volonté à celle de Dieu, à Ses desseins et à Son plan et nous verrons le Saint-Esprit amener le réveil sous nos yeux.

Peut-être vous dites-vous : «*Je ne vois pas ce que je peux faire*». Eh bien, tout simplement, prophétisez ! Ezéchiel a écrit : «***Alors, je prophétisai comme j'en avais reçu l'ordre. Et pendant que je prophétisais il se fit un mouvement et un rapprochement***». Sans doute ne voyez-vous que des parties éparses dans la grande œuvre de Dieu , comme Ezéchiel voyait les os dispersés de tous côtés, mais le Seigneur veut rapprocher ces éléments les uns des autres, chacun à sa place. Votre prophétie peut atteindre la plénitude de ce qu'Il a prévu et ordonné pour votre vie.

Et quand vous le prophétiserez, attendez-vous avec foi à quelques secousses et ne soyez pas inquiets si elles se produisent. Respirez profondément, restez tranquille un moment et observez bien ce que Dieu fait. Souvent, vous tremblerez un peu avant que les choses se remettent en place. Et certaines situations ont besoin de passer par cet ébranlement avant de trouver leur juste position.

C'est ainsi que Dieu va secouer les peuples, les lieux et les situations de Son choix en vue de les transformer ! Et cette œuvre se mettra en route suite à vos paroles prophétiques. C'est aussi simple que cela ! Ce sont vos paroles prophétiques qui mettront cette œuvre en mouvement. Voilà pourquoi, l'ennemi se dresse contre ce courant. Ceux qui n'ont pas encore lu le livre de mon frère : «**Puissance de la Parole Prophétique**» devraient le faire. Lisez-le même deux ou trois fois. Que son message vous pénètre. Je rencontre maintenant des personnes qui l'enseignent partout dans le monde. Il est puissant, il donne un bon enseignement et vous serez bénis. Quelqu'un m'a dit qu'arrivé à la page dix-sept, il était prêt à se mettre à prophétiser. Laissez cette lecture bouleverser votre vie à vous aussi ! Seule une vision permet de prophétiser aux vents, en leur ordonnant de souffler de la part du Seigneur. Ceux qui n'ont pas de vision ne sont pas du tout intéressés. «*Ces os sont morts et bien morts,* se disent-ils, *et personne n'y changera rien !*» Seulement, puisque Dieu parle autrement, faisons entendre dans chaque région une voix prophétique qui amènera le réveil sur tout le pays. Sa parole va «***bâtir et planter***». Elle devra peut-être procéder à quelques déracinements pour permettre à la nouvelle construction et aux nouvelles plantations de commencer à grandir. «***Voici, Je t'ai établi en ce jour sur des nations et sur des royaumes pour que tu arraches et que tu abattes, pour que tu ruines et que tu détruises, pour que tu bâtisses et que tu plantes***» (**Jérémie 1[10]**). Il ne fallut que deux déclarations prophétiques d'Ezéchiel pour réveiller un cimetière ; deux paroles de prophétie, et les ossements épars devinrent une puissante armée ; et deux prophéties peuvent suffire pour amener le réveil dans votre ville. Celle-ci ne peut pas être plus morte que ne l'était le champ de bataille d'Ezéchiel ; où la mort régnait depuis si longtemps. Ainsi, Dieu agit là où on ne s'y attend pas et fait ce qui paraît impossible. La parole prophétique est créatrice et elle est puissante. En 1992, peu avant notre premier petit-déjeuner de prière pour l'investiture présidentielle, j'étais allée à Washington pour rendre visite à une famille des membres de notre équipe qui venaient de s'y installer.

Le soir, dans leur église, j'eus une vision vraiment étrange dans laquelle le Seigneur disait à tous ceux qui assistaient à la réunion : "*Vous désirez que votre voix se fasse entendre dans cette ville ; et vous avez essayé d'atteindre ce but de bien des manières. Mais je vous dis que c'est par la déclaration prophétique qu'elle sera entendue*".

Le Saint-Esprit fit alors la promesse que si ces croyants élevaient leur voix prophétique, il ferait en sorte qu'elle soit entendue jusque dans la chambre à coucher du Président. Tout en prophétisant, je voyais la parole partir de l'estrade et atteindre la chambre du Président ; et une fois là, je l'ai vue accomplir son œuvre. Vous allez me demander :

- *Sœur Ruth, la parole prophétique a-t-elle une telle puissance ?*

- *Oui ! C'est pourquoi il vous faut commencer à prophétiser dans l'église et laisser Dieu vous donner la parole qui vient de Lui. Qu'Il puisse la faire entendre dans les salles des Conseillers de la Terre ; comme dans toutes les situations où Il désire travailler. Laissez s'exprimer ce courant, cette voix prophétique créatrice.*

Bien souvent, lorsque je commence à prier, je réalise que j'ai peu de temps ; alors je me mets simplement à déclarer prophétiquement ce que je sens dans mon esprit être la volonté de Dieu. A ce moment-là, je ne demande pas, je ne frappe pas, je ne cherche pas : je déclare. J'ai sauté les points un, deux et trois. Vous me direz sans doute que c'est la Bible qui dit : «***Demandez et vous recevrez. Cherchez et vous trouverez. Frappez et on vous ouvrira***». C'est vrai, mais Jésus enseignait à des «petits enfants» spirituels. A Ezéchiel, Dieu n'a pas dit de demander, de chercher et de frapper. Pas plus à Jean au temps où il écrivait l'Apocalypse. Il arrive un moment où nous devrions directement appeler à l'existence ce que, par Son Esprit, Dieu met dans notre cœur. Prophétisez aux ossements desséchés ! «***Prophétise au vent, fils de l'homme !***»

Seigneur,

Oins-nous de l'onction prophétique, de ce courant créateur, de l'Esprit que Tu libères aujourd'hui sur Terre.

Aide-nous à prophétiser comme Tu l'as ordonné.

Au nom de Jésus, amen.

CHAPITRE 7

UNISSONS-NOUS EN VUE DU REVEIL

Voici, oh! qu'il est agréable, qu'il est doux Pour des frères de demeurer ensemble! C'est comme l'huile précieuse qui, répandue sur la tête, Descend sur la barbe, sur la barbe d'Aaron, Qui descend sur le bord de ses vêtements. C'est comme la rosée de l'Hermon, Qui descend sur les montagnes de Sion ; Car c'est là que l'Eternel envoie la bénédiction, La vie, pour l'éternité. (Cantique des degrés. De David - **Psaume 133[1-3]**).

Je leur ai donné la gloire que tu m'as donnée, afin qu'ils soient un comme nous sommes un. (**Jean 17[22]**).

J'ai pu observer deux vérités, depuis le premier jour où Dieu a commencé à nous apprendre comment entrer dans Sa gloire : d'abord, il est absolument essentiel de nous unir pour pouvoir pénétrer dans une gloire plus grande ; mais à son tour, cette gloire supérieure crée une plus grande unité. Finalement, je me trouvais devant la question : «Qu'est-ce qui vient en premier ?» (comme pour «l'œuf ou la poule ?»)

A certains moments, je suis sûre que la gloire amène l'unité, et à d'autres, je sais que l'unité fait venir la gloire. L'une et l'autre sont donc étroitement liées.

Dieu veut que nous fassions de l'onction de l'unité une expérience vivante. Si nous voulons recevoir la gloire de Dieu, il nous faudra connaître l'unité de l'Esprit entre frères et sœurs. Car la révélation de la gloire nous sera donnée dans la mesure où nous permettrons à Dieu de nous unir. C'est bien pour cela que l'ennemi rage contre l'unité et l'harmonie dans le Corps de Christ. Car il sait que dans l'harmonie et l'unité, la gloire de Dieu se manifestera et «*la maison sera remplie de fumée*».

> ***Alors le roi dit : Qui est dans la cour? - Haman était venu dans la cour extérieure de la maison du roi, pour demander au roi de faire pendre Mardochée au bois qu'il avait préparé pour lui. - Les serviteurs du roi lui répondirent : C'est Haman qui se tient dans la cour. Et le roi dit : Qu'il entre.*** (**Esther 6^{4-5}**).

Peu importent les capacités ou les talents de quelqu'un si, malgré tous ses dons, il n'y a que, disputes et conflits. Dieu veut Sa maison «*remplie de fumée*», une maison remplie de Sa gloire ; et cela se réalise quand chacun de nous dit, comme Esaïe : «*Malheur à **moi** !*».

Il arrive si souvent, quand la gloire est absente, que nous montrions du doigt un frère, une sœur ou le prédicateur, ou encore celui qui conduit l'étude biblique en disant : «*malheur à **lui** !*» Il semble parfois que nous ne sommes capables de voir que les défauts et les fautes des autres. Seulement, quand Dieu commence à nous toucher personnellement et que la gloire vient à se manifester au milieu de nous, nous réalisons que c'est nous-mêmes qui sommes perdus ou misérables. Et, que nous soyons un peu ou beaucoup «perdus» ne fait pas une grande différence, même si certains croyants ont triomphé de bien des défauts graves, il leur reste beaucoup de problèmes mineurs à régler. Seule la présence de la gloire les rend conscients de leurs manquements et les corrige.

J'ai compris dernièrement que si nous voulons recevoir une grande clarté de vision, il ne faut ni paille ni poutre dans nos yeux, qui détournerait la gloire de Dieu et Sa révélation. S'il y a là une poutre, c'est que nous l'avons permis. Ce qui est certain, c'est que Dieu veut pour nous une vision claire, une vue limpide.

Je ne sais pas ce que vous désirez le plus ; pour moi, j'aspire à être capable de voir au-delà de la lune et des étoiles ! Je désire que mon regard pénètre dans les profondeurs de la gloire. Que mes yeux contemplent la face du Seigneur lors de chaque culte ! Je veux voir «***ces choses qui ont été préparées pour nous depuis la fondation du monde***».

Mais cette bénédiction ne nous est accordée que lorsque nous abandonnons nos petites querelles mesquines pour nous unir ensemble dans le Seigneur.

Comme l'huile coulait du sommet de la tête d'Aaron, descendant sur sa barbe, sur ses vêtements et jusqu'à leurs bords inférieurs, ainsi l'onction de gloire nous couvrira complètement dans les derniers jours, alors que nous joindrons nos mains entre frères et sœurs. Car il est impossible de nous trouver assis ensemble dans les lieux célestes, si nous ne sommes pas capables de nous asseoir ensemble dans la réalité concrète, en étant unis par l'Esprit du Seigneur.

Dès que vous ferez des efforts dans le sens de l'unité, l'ennemi enverra toutes les armes qu'il trouvera dans votre direction pour que vous désespériez d'y arriver. Nous croyons que la Bible nous commande cette unité : «***Autant que cela dépend de vous, vivez en paix avec tous les hommes***» (**Romains 12[18]**).

Pourtant, il apparaît que ce n'est pas chose facile à réaliser. Il semble, à beaucoup d'entre nous que la part "qui dépend de nous" dans le désaccord est trop petite pour que la paix soit faite.

Mais Dieu aujourd'hui n'accepte plus aucune excuse. Nous réaliserons l'unité ou rien d'autre ! Il a appelé à sortir des rangs un peuple de scrificateurs qui se tienne devant Lui et qui du sommet de la tête à la frange de ses vêtements, soit oint de l'huile de l'unité. Comme il est bon, comme il est agréable qu'il en soit ainsi ! Je suis persuadée que le secret de l'unité consiste en ce que chacun de nous fixe de plus en plus les yeux sur Jésus.

Je garde le souvenir précis, de circonstances où des gens m'ont exaspérée ou frustrée ; mais je peux affirmer en toute franchise que cela m'arrive de plus en plus rarement. Car l'Esprit de Dieu est fidèle. Il veut nous voir exceller. Il veut que nous puissions vivre dans la nuée. Il désire que nos maisons soient continuellement «*remplies de fumée*». Qu'elles soient connues, en fait, davantage comme des lieux où la nuée habite en permanence, que pour toute autre caractéristique. Que ceux qui entrent chez vous sentent la «fumée» de la présence de Dieu et ils en seront touchés.

Depuis longtemps, je ne pose plus cette question :
- A quelle dénomination appartenez-vous ?

Car la réponse est sans importance ; sans aucun rapport avec le réveil. Cela ne m'intéresse plus et je ne crois pas que Dieu s'en préoccupe. Ce qui importe appartient à une réalité tout autre, d'ordre purement spirituel. Dieu est en train de répandre une huile d'onction sainte qui fait que des frères se trouvent assis ensemble dans les lieux célestes sans ressentir la moindre frustration devant leurs limitations respectives.

Il y a des gens complètement perturbés par le seul fait de se trouver ensemble dans une même pièce. Comment Dieu peut-Il répandre son onction sur notre vie si telle est notre attitude ? Sans unité, il y a conflit, ce qui empêche Dieu de faire reposer Sa gloire sur un tel lieu. Inversement, lorsque l'huile de l'unité est là, il est facile que la maison *soit remplie de fumée*. Là où il y a unité, les bénédictions arrivent avec aisance et rapidité. Le nuage de fumée devient épais comme un brouillard devant vous. Dieu va de plus en plus manifester la gloire de Sa présence au milieu des Siens. Si nous désirons ardemment la nuée, désirons aussi l'huile, car les deux vont de pair : l'unité et la gloire.

A leur départ d'Egypte, les frères de Joseph reçurent l'ordre de ne pas revenir sans amener Benjamin avec eux. Ils l'ont fait : ils n'aimaient pas particulièrement Benjamin, de même qu'ils n'avaient pas aimé Joseph. Mais s'ils voulaient bénéficier des stocks de blé d'Egypte et éviter le désastre de la famine, ils ne pouvaient revenir qu'en amenant leur plus jeune frère. Rendez-vous compte : après tant d'années, ces hommes avaient toujours de mauvaises pensées à l'égard de leur frère. Il en sera de même pour vous : si vous ne permettez pas à Dieu de vous délivrer de vos mauvais sentiments envers certains de vos frères, vous vous trouverez en conflit avec eux encore des années plus tard. Et cette situation vous empêchera de recevoir ce que Dieu a de meilleur pour votre vie.

J'ai vu des serviteurs de Dieu se voir privés d'une grande onction et d'un grand ministère pour avoir refusé de mettre fin à leur amertume envers Joseph et Benjamin, qui jouaient tous deux un rôle déterminant dans leur vie.

Or si vous ne venez pas accompagné de Benjamin, vous n'aurez pas de nourriture au moment de la famine. Pour les frères de Joseph et toute leur génération le fait de régler leur problème avec Benjamin devint une question de vie ou de mort.

N'essayez donc plus d'ignorer vos différends. Réglez le problème. Vous ne pouvez plus vous permettre d'ignorer vos Benjamins si vous voulez que la gloire de Dieu vienne sur votre vie.

Il arrive que, lorsque la présence de la gloire est particulièrement sensible, Dieu me mette à la mémoire des personnes que je dois bénir, d'une façon ou d'une autre. Même si je n'ai gardé aucune rancune envers ceux qui nous ont fait du tort dans le passé, je ne les ai pas toujours bénis comme je l'aurais dû. C'est toujours plus facile de bénir ceux qui nous témoignent de la bonté. Ainsi quand je suis dans la gloire, Dieu me montre une liste de ceux que je dois bénir. Sur la liste, il y a des personnes que je considère comme "bonnes" et d'autres "mauvaises" ; mais Lui ne semble pas faire cette distinction. Ce qui est étonnant c'est que, dans la gloire ces différences ne comptent plus et je peux prendre en compte toute la liste et bénir chaque personne, qu'elle soit "bonne" ou non. Je ne puis me permettre de nourrir une mauvaise pensée à l'égard de mon frère, pensée qui me ferait manquer les projets de Dieu.

Qu'il est bon ! Qu'il est agréable pour des frères de demeurer ensemble dans l'unité !

Vivre l'unité s'accompagne d'un bonheur que beaucoup n'ont encore jamais connu ; l'unité avec ceux qui ont été contre nous, avec ceux qui nous ont calomniés, avec ceux qui nous ont fait du mal. Seul Dieu peut susciter un tel changement. Lui seul est capable de nous faire "***asseoir ensemble dans les lieux célestes***". Toux ceux qui désirent vraiment la gloire tendront la main à leurs "Joseph et Benjamin" ; ils permettront au Saint-Esprit d'opérer le miracle du pardon au fond de leur cœur, pour qu'ils puissent devenir "un" avec eux.

Certains disent "*D'accord, je peux faire la paix avec tout le monde, sauf avec X...*" Mais il ne doit y avoir aucune exception. Oubliez les exceptions et les excuses ! C'est précisément à cette personne "X" que Dieu attend que vous tendiez la main ; c'est elle qu'Il veut vous voir embrasser, animé par Son amour.

Parfois, l'ennemi fait en sorte que vous appreniez tout le mal que quelqu'un a dit de vous, juste avant que vous ne le croisiez dans la rue. Ceci m'est arrivé plusieurs fois. Alors, en voyant venir dans ma direction la personne en question, je disais : "*Jésus, aide-moi !*" et Il le faisait. L'ennemi a pour objectif de diviser, mais Dieu, de guérir les divisions entre les frères. Les "ruisseaux de miel" de l'onction divine attendent juste au-dessus de nos têtes. Le Seigneur est tout prêt à répandre sur nous Sa gloire si nous réglons les problèmes qui font barrage, quels qu'ils soient.

Je me suis aperçue que chaque fois que je crie à Dieu pour qu'Il m'aide, Il répond. Si bien que lorsque je rencontre quelqu'un qui m'a fait du tort, je peux l'embrasser sincèrement avec l'amour de Christ. Je sais parfaitement que ce n'est pas "naturel", mais Dieu sait comment faire ce miracle.

Regardez cet homme, cette femme, droit dans les yeux ; tendez-lui la main et embrassez-le, embrassez-la, dans l'amour de Dieu. Et dîtes : "*Que Dieu vous bénisse, mon frère, ma sœur !*" ;

en le disant, pensez-le. Dites ces simples mots avec foi et sincérité, en croyant que la bénédiction de Dieu va atteindre l'esprit de votre interlocuteur. Cela vous est possible, car la force surnaturelle du Seigneur est à votre disposition.

Si donc vous souhaitez être de ceux qui connaissent la dimension de la maison "remplie de fumée", soyez de ceux qui ont appris à vivre sous l'onction de l'unité. Peu importe si vous n'êtes pas complètement d'accord sur tous les points de doctrine. Trouvez votre joie à louer Dieu ensemble. Car dès que, tous ensemble, vous contemplez la beauté du Seigneur, l'unité est là. C'est Lui qui nous unit, et pas nos positions doctrinales.

J'ai eu la joie de fréquenter les milieux charismatiques pendant tellement d'années, que j'étais persuadée d'avoir complètement surmonté tous les problèmes d'étiquettes. Mais un jour à Jérusalem, je me suis trouvée attristée parce qu'un membre de notre équipe s'était lié d'amitié avec une personne qui, à mon avis, n'avait pas une bonne doctrine. Aussitôt, réalisant combien cette situation me troublait, j'en ai fait un sujet de prière. J'ai dit : "*Seigneur, je suis décidée à ne pas laisser cette différence d'opinion me perturber. Aide-moi, s'il Te plait*". Et je n'y ai plus jamais pensé.

Il y a des points sur lesquels nous discutons indéfiniment alors qu'ils n'ont aucun intérêt du point de vue de l'éternité. Goûtez plutôt à ce qui est éternel et vous laisserez tomber une quantité de détails de doctrines.

Dîtes comme Esaïe : "*malheur à moi !*" et laissez le Seigneur ôter de votre cœur tout ce qui est obstacle, désunion, absence d'appréciation des autres. Ne laissez pas non plus vos propres manquements vous empêcher de progresser dans l'Esprit.

Vous pourriez me dire : "Si vous aviez un mari comme le mien, vous n'affirmeriez pas que nous devons faire la paix avec tous". Mais Dieu possède suffisamment d'amour pour ce mari et pour dix autres comme lui.

Il y a quelque temps, je me trouvais à Philadelphie et une amie m'invita à manger dans le restaurant chinois de Mary Ho. Depuis des années, à cause de la qualité de la nourriture, les clients de ce restaurant réputé supportaient les disputes incessantes entre Mary et son époux. Mais, un an environ avant que je fasse sa connaissance, Mary avait rencontré le Seigneur. Voici ce qu'elle dit : "*Lorsque j'ai connu Jésus, j'ai regardé mon mari avec des yeux tout neufs. Nous étions mariés depuis trente ans, et tout d'un coup, mon cœur s'est trouvé inondé d'amour pour lui*".

Le fait que leurs querelles aient cessé a frappé toute la clientèle du restaurant et ce fut pour chacun une preuve, plus concrète que bien des paroles, de la puissance de Dieu pour changer des vies. Dieu a en Lui assez d'amour pour tous.

Certaines personnes nous avaient fait du mal, à Jérusalem, mais Dieu me dit ceci à leur sujet :

- Il ne suffit pas que tu leur pardonnes. Je désire que ton cœur soit tellement changé que, s'ils se tenaient devant toi, tu sois capable de prophétiser sur eux toutes les grandes choses que tu aimerais que Je fasse pour toi-même.

J'ai désiré cette capacité et, béni soit Dieu, Il me l'a donnée. Nous pouvons encore connaître de temps en temps quelques défaillances, mais elles sont de plus en plus rares, à mesure que nous nous maintenons dans la gloire. Nous sommes décidés à nous battre pour connaître l'unité entre frères et sœurs.

Il est pourtant possible de chanter le même chant et de danser ensemble sans être dans l'unité. Laissez l'huile de l'onction de Dieu couler sur vous pour vous donner d'être "un" avec vos frères.

J'ai conscience que ce sujet est très important. Ceux qui le souhaitent en trouveront un plus large développement dans mon livre "**La Gloire**".

Notre Père Céleste,
Envoie cette précieuse onction, qui fait s'asseoir des frères ensemble, dans l'unité. Que nos maisons soient remplies de la fumée de Ta gloire.
Au nom de Jésus, amen !

CHAPITRE 8

QUE POUVONS-NOUS ATTENDRE DU REVEIL ?

Venez, retournons à l'Eternel ! Car il a déchiré, mais il nous guérira ; Il a frappé, mais il bandera nos plaies. Il nous rendra la vie dans deux jours ; Le troisième jour il nous relèvera, Et nous vivrons devant lui. Connaissons, cherchons à connaitre l'Eternel ; Sa venue est aussi certaine que celle de l'aurore. Il viendra pour nous comme la pluie, Comme la pluie du printemps qui arrose la terre. **(Osée 6[1-3])**.

J'ai plusieurs fois rencontré des spécialistes du réveil. Ils sont capables de vous raconter en détails tous les réveils passés, leur cause et leur déroulement. Ils ont lu tous les livres sur le sujet. Pourtant, beaucoup passent à côté de ce grand événement lorsqu'il survient. Quelques-uns d'entre eux ne le reconnaissent même pas comme étant l'œuvre de Dieu. Il y a pourtant des exceptions et Steve Hill, qui fut témoin du réveil de Brownsville, semble en faire partie.

En fait, on peut attendre de chaque réveil certains traits caractéristiques. Et d'abord, que des âmes soient sauvées. Le réveil qui a lieu à l'église de Brownsville, à Pensacola en Floride, où des multitudes sont sauvées, en est un grand exemple. J'ignore le nombre exact des personnes sauvées au moment où j'écris, mais il est de l'ordre de plusieurs centaines de milliers depuis le début du mouvement, il y a deux ans et demi.

Steve Hill est sans doute le serviteur de Dieu le plus doué que je connaisse pour appeler les pécheurs au salut. Quand il s'agit de gagner des âmes, il est tenace. Il ne lâche pas prise, jusqu'à ce que les gens répondent. Je l'ai vu descendre de l'estrade, aller jusqu'au balcon et dans d'autres parties de l'église, regarder un visiteur droit dans les yeux et demander de façon directe : « *Seriez-vous prêt à rencontrer le Seigneur ce soir ? Si vous ne l'êtes pas, avancez, venez à l'autel* ».

Steve était auparavant prédicateur de rue et missionnaire en Argentine. Il possède à un degré étonnant la capacité d'atteindre les pécheurs. Ses appels au salut sont extraordinaires et il a à cœur d'enseigner aux autres la bonne manière de lancer ces appels particuliers. Trop de prédicateurs, lorsque l'appel est lancé et que les auditeurs ne répondent pas immédiatement, abandonnent et passent à autre chose. Steve, lui, ne lâche pas le combat et sa ténacité d'esprit a été, dans ce domaine, largement récompensée.

La puissance de Dieu se manifestant dans des guérisons doit aussi caractériser un réveil. Alors, même si celui de Pensacola a commencé comme un immense mouvement de salut, j'ai été heureuse de le voir s'étendre aussi à ce domaine. La guérison est un instrument magistral d'évangélisation. Quand les gens sont malades, ils cherchent tous les moyens d'aller mieux et la puissance d'un Dieu qui guérit les amène aux pieds de Jésus.

Certes, la guérison ne doit pas avoir la place prédominante dans nos réunions. Mais nous pouvons chaque fois prendre quelques minutes pour répondre à ceux qui ont des besoins physiques. Cela peut souvent prendre la forme de paroles de connaissance : lorsque Dieu nous montre les problèmes spécifiques des participants, nous les décrivons à haute-voix et nous déclarons ces personnes guéries, au nom de Jésus. Dans ces cas-là, il n'est même pas nécessaire de les appeler à s'avancer et beaucoup reçoivent leur guérison en un temps très court. Ce ministère particulier ne doit pas prendre toute la réunion, mais dans les grands réveils, il doit toujours occuper une place.

En période de réveil, nous pouvons encore attendre du Seigneur qu'Il dresse devant nous Sa table. Sa Maison devient alors une salle de banquet où nous est servie une nourriture de choix. Nous avons l'habitude des légumes, des pommes de terre, de la viande et des salades mais, lors d'un banquet, c'est toutes sortes de mets variés que nous pouvons choisir. Vous n'allez pas faire tout votre repas avec un ou deux aliments, vous avez envie, au contraire, de goûter un peu de toutes les bonnes choses qui sont là pour vous. Le réveil offre une telle variété ! Avec les conversions, viennent aussi des prophéties, des miracles, des baptêmes dans le Saint-Esprit, des délivrances, des guérisons de problèmes émotionnels ; on apprend alors à s'emparer des promesses de Dieu concernant les finances et l'on reçoit bien d'autres bénédictions.

En présence de la gloire, certains entendront l'appel à prêcher la Parole dans leur pays ou sur un champ missionnaire. Dans la gloire du réveil, toutes ces bénédictions peuvent arriver.

La prophétie se rencontre fréquemment dans les réveils. J'admire beaucoup Lindell Cooley, le frère que Dieu a appelé à animer la partie musicale au cours du réveil de Brownsville. Et tous ceux qui se trouvent à un poste semblable doivent réaliser qu'ils ont pour mission d'entraîner l'assistance au sommet de la montagne par la louange et l'adoration. Or, là-haut, Dieu parle toujours ! Une voix prophétique doit s'adresser à ceux qui n'ont pas encore appris à entendre le Seigneur leur parler. Ceux qui conduisent l'adoration avec un clavier ou un simple micro sont très bien placés pour laisser s'exprimer la parole prophétique. Lindell exerce ce don de façon magnifique lors des réunions de Brownsville.

Au cours de chaque service, se déploie un large éventail des pensées de Dieu. Il est juste qu'il en soit ainsi. Recherchons non pas un seul aspect de l'œuvre de l'Esprit au milieu de nous mais plusieurs.

Tout réveil est un temps de miracles. Dieu nous annonce un temps nouveau : nous verrons s'accomplir des miracles de création, et il nous faut tous croire qu'Il va accomplir ce qu'Il dit. Mon ami Jimmy Smith a prié pour une jeune irlandaise, née infirme à cause de la Thalidomide. Les victimes de ce médicament, alors prescrit à grande échelle, naissaient souvent avec des membres qui n'étaient que partiellement formés. Cette jeune fille avait une main qui semblait prendre de son épaule, et son ardent désir c'était d'être un jour capable de toucher sa taille avec cette main.

Lorsque Jimmy lui imposa les mains, lors d'une réunion, elle tomba sous l'action de la puissance de Dieu, et son bras commença à pousser par secousses. Puis il s'étendit de plus en plus au point qu'au moment où elle se releva, son bras avait une longueur normale. Elle put mettre la main à sa taille pour la première fois. Inutile d'ajouter qu'elle était folle de joie !

Voilà le type de miracles que Dieu va accomplir de plus en plus à notre époque : des miracles de création restituant des yeux, des parties du visage ou du corps qui sont manquantes ou déformées, par accident ou de naissance. Benny Hinn m'a dit qu'il assiste à de tels miracles dans ses réunions. Dernièrement, je me trouvais avec lui à Miami et il a déclaré que cette croisade était la plus importante de sa vie ; mais deux semaines plus tard, à Nashville, l'ampleur de la croisade avait dépassé celle de Miami. Cette progression accompagne l'accroissement extraordinaire du nombre et de la grandeur des miracles que Dieu suscite au milieu de nous.

Permettez que je reprenne ici un récit que j'ai fait dans "**La Gloire**" : un jour où je revenais à Jérusalem d'une tournée missionnaire, en entrant dans notre maison, j'ai ressenti la gloire de Dieu comme jamais auparavant. C'était absolument incroyable. Et là j'ai su de façon soudaine à quel point il pouvait devenir facile de ressusciter les morts et de guérir toutes les maladies et les infirmités. Comme tout est facile dans cette dimension de gloire ! Combien ce serait facile de voir des malades sauter hors de leurs fauteuils roulants et se lever de leurs brancards, de voir des aveugles voir et des sourds entendre ! Dans la gloire, à ce niveau-là, plus rien n'est impossible.

Cette gloire intense est demeurée au milieu de nous plusieurs heures, pendant lesquelles Dieu nous donnait, comme Il le fait souvent, un avant-goût d'un plus grand jour, afin que nous soyons encouragés et que nous encouragions les autres à entrer dans la dimension de la gloire.

Au moment où la cinquième édition de "**Glory**" allait être imprimée, j'ai ajouté un post-scriptum. Comme beaucoup ne l'ont pas, je désire en reprendre ici quelques mots : un soir à Jérusalem, j'ai été transportée dans l'Esprit et j'ai vu une très grande estrade. Elle était d'une telle profondeur que je n'en avais jamais vue de semblable. Sur cette estrade, reposaient au moins une centaine de civières d'hôpital, avec des malades gravement atteints. Je savais qu'ils se trouvaient là à cause des miracles qui survenaient dans les réunions. Je voyais des caméras de télévision et des photographes des plus importants journaux. Je compris qu'ils faisaient des reportages sur le grand réveil. J'ai vu l'Amérique tout enflammée par l'action de Dieu et j'ai su également que, lorsque le réveil aurait embrasé toute l'étendue du pays, Dallas, au Texas, en serait le centre. Et ces évènements sont en cours, comme je l'ai vu cette nuit-là.

Chaque réveil a un terme qui lui sert de devise, en quelque sorte. A Toronto, ceux qui imposaient les mains au peuple de Dieu ont pris l'habitude de dire «*Plus !*» Ils encourageaient les croyants à chercher *plus* et à faire savoir au Seigneur qu'ils désiraient *plus* de Lui. Dans d'autres lieux, les serviteurs furent connus pour employer le mot : «*Maintenant !*» demandant par là au Seigneur d'agir *maintenant* et aux gens d'ouvrir leurs cœurs et de recevoir la grâce agissante de Dieu *maintenant*. Ailleurs, ce fut le mot «*Feu !*» qui traduisait l'attente pleine de foi de la descente du *feu* de l'Esprit. Un autre mot-clé du réveil est «*Remplis !*» : nous montrons ainsi notre désir que Dieu nous *remplisse* plus de Sa présence. Benny Hinn lui, étend la main en direction des gens et crie : «*Touche-les*», confiant à Dieu le soin de les toucher par Son Esprit.

Alors, que le mot-clé d'un réveil soit : "*Plus ! Feu ! Maintenant ! Remplis ou Touche !*" est sans importance, pourvu que le peuple reçoive la gloire que Dieu aspire à manifester en ce jour qui est le nôtre. Soyez, pour votre part, ouvert à n'importe quels miracles originaux que Dieu désire accomplir. Beaucoup de chrétiens ne le sont pas.

Mon père et ma mère nous emmenaient à toutes les campagnes de réveil qui avaient lieu à l'époque de mon enfance ; et ils nous enseignaient en même temps à garder un esprit ouvert en face de ce qui était nouveau et à toujours avoir de l'estime pour le ministère des autres. Ils nous ont appris à faire très attention à ne pas attrister le Saint-Esprit ; et un aspect important de leurs conseils était de veiller avec soin sur nos paroles. Combien sont bien trop prompts à critiquer ce qu'ils ne comprennent pas, ce qu'ils n'ont jamais vu se produire jusque là !

Ainsi, avant d'avoir pu nous-mêmes aller assister aux rencontres présidées par A. A. Allen, nous avions entendu parler des phénomènes étranges qui survenaient dans ses réunions : de l'huile, apparaissant sur les mains des croyants, et même coulant de leurs doigts. J'avais environ dix ans à ce moment-là et j'avais surpris des pasteurs que je respectais, en train de se moquer de ce phénomène. Ils disaient : «*Ce n'est rien d'autre qu'une forte transpiration ! Ils se frottent les mains énergiquement pour les faire transpirer. C'est du pur spectacle. Tout le monde désire se mettre en avant et se faire remarquer. Et il y en a qui feraient n'importe quoi pour attirer l'attention*».

Mais mes parents n'ont jamais pris part à ce genre d'accusations. Ils avaient la sagesse de réserver leur jugement tant qu'ils n'avaient pas pu constater par eux-mêmes ce qui se passait. Ils connaissaient le Saint-Esprit et avaient la certitude qu'Il leur accorderait la capacité de discerner le vrai du faux. C'est ainsi qu'ils ne donnaient jamais leur avis sur quoi que ce soit avant d'avoir pu prendre connaissance personnellement de la question.

Je ne les ai jamais non plus entendu critiquer les expériences que d'autres pouvaient connaître dans leur marche avec Dieu. Ils avaient tellement soif de Lui qu'ils restaient constamment ouverts aux manifestations nouvelles. Ils voulaient surtout ne rien faire qui pût faire obstacle à l'œuvre du Saint-Esprit.

Pour assister aux réunions de A. A. Allen, il fallait nous rendre de Richmond à Pittsburg et, en arrivant à la grande tente, nous la trouvâmes bondée. Des milliers de personnes étaient là. L'une des premières à attirer notre attention fut un des membres du service d'accueil, adossé à l'un des poteaux, tout près de l'entrée. Il s'appuyait là, les mains derrière le dos, posées sur ses hanches, avec les paumes tournées vers l'extérieur. Il les tenait ainsi pour que l'huile qui en sortait ne coule pas sur son pantalon. Il était loin de chercher à se donner en spectacle. Il n'agitait pas ses mains pour les montrer à tout le monde. Au contraire, il se tenait adossé au poteau de la tente, pleurant silencieusement en exprimant à Jésus son amour. Quand je vis cela, je fondis en larmes, réalisant que j'avais laissé les critiques entrer dans mon esprit et influencer mon opinion au sujet de la présence d'huile sur les mains des croyants - avant de l'avoir vue par moi-même. Car, en voyant les mains de cet homme et sa ferveur, je comprenais que tout cela venait de Dieu.

Un soir, vers la fin de notre convention d'été, une jeune femme vint avec son mari. Ils avaient été équipiers de la mission Wycliffe. Je ne les avais encore jamais vus. Après avoir assisté à plusieurs jours de réunions, la jeune femme vint me dire qu'ils repartaient le lendemain et qu'elle souhaitait que je prie pour elle. Tout en priant, je baissai les yeux et je vis ses mains remplies d'huile.

Quand j'eus terminé ma prière, je l'invitai à regarder ses mains et lui demandai :

- *Cela vous est-il déjà arrivé ?*

- *Jamais !* me répondit-elle, stupéfaite.

Il était tard et il ne restait qu'une douzaine de personnes dans le Tabernacle. Je leur dis :

- *Cette sœur a de l'huile sur ses mains. Je voudrais qu'elle vous la fasse voir.*

La jeune femme monta les quelques marches menant à l'estrade et montra ses mains. Tous voulaient qu'elle les pose sur eux et certains le désiraient tellement qu'ils commençaient à passer leur mains sur les siennes.

- *Ne lui prenez pas toute l'huile !* m'écriai-je alors. *Je voudrais que Frère Dwight Jones la voie.* C'était lui qui avait prêché ce soir-là et il se trouvait à ce moment là à la cafétéria. La jeune femme revint vers moi et, pendant la courte distance qui la séparait de l'endroit où j'étais assise, ses mains se trouvèrent de nouveau remplies d'huile. Alors je lui ai demandé d'aller jusqu'à la cafétéria pour montrer à Dwight Jones cette manifestation d'huile surnaturelle coulant de ses mains.

J'ai moi aussi souvent fait la même expérience et c'est pour cette raison que je ne me sers pas de flacon d'huile pour oindre les malades. Si le Seigneur vous a donné une huile surnaturelle, quelle autre pourrait l'égaler ? Il m'est également arrivé plusieurs fois que de l'huile s'écoule de mon visage pendant que je prêchais. Certains pourront bien dire qu'il s'agit de transpiration, mais c'est beaucoup plus que cela.

En septembre de cette année 97, je me trouvais en Pennsylvanie où Monseigneur Walsh m'avait invitée à prêcher trois soirs à la Cathédrale de la Présentation, à Wynnewood. L'un de ces soirs-là, les prêtres dirent qu'ils avaient vu de l'huile goutter de mon visage pendant que j'exerçais le ministère. Dieu nous donne ainsi maintenant des signes et des prodiges merveilleux pour confirmer Sa Parole.

> «***Voici, moi et les enfants que le Seigneur m'a donnés, nous sommes des signes et des prodiges en Israël, de la part de l'Eternel des armées qui habite la montagne de Sion.***» **(Esaïe 8^{18}).**

Restez ouvert à Dieu et à toutes Ses œuvres. Ce qu'Il fait pourra vous sembler étrange au début mais, par la suite, vous le comprendrez. Un pasteur de Saint-Louis, dans le Missouri, avait décidé de venir à la convention d'été avec toute sa famille après avoir lu mon livre sur la gloire. Mais, une fois ici, choqué par la grande liberté qui marque nos réunions, il souhaita repartir sur-le-champ. Sa famille et lui discutèrent jusqu'à une heure tardive dans la nuit pour savoir quelle décision prendre. Devaient-ils aller quelque part au bord de la mer pour sauver leurs vacances ? Ils finirent par se dire qu'ils avaient tant dépensé pour venir jusqu'à Ashland que, puisqu'ils avaient mis la semaine de côté pour se trouver là, le plus sage était quand même de rester et d'essayer d'ignorer ce qui les gênait. Peu à peu, leur opposition à notre liberté d'adoration s'estompa et, au bout de quelques jours, le pasteur me dit :

- *Après avoir lu «La Gloire» nous avons essayé d'en introduire quelques applications dans notre église. Mais nous étions loin d'être aussi libres que vous l'êtes ici. Tout ce que nous arrivions à faire était de remuer les orteils dans nos chaussures.*

Mais c'était déjà un commencement. Alors j'ai répondu :

- *Merveilleux ! Continuez à le faire et il vous viendra plus de liberté.*

Quelques soirs plus tard, en regardant l'assistance pendant le temps d'adoration, je le vis commencer à faire onduler ses bras et se balancer légèrement, devant le Seigneur. J'étais vraiment heureuse !

Dieu travaille en chacun de nous. Le Pasteur Benny Hinn a toujours été extrêmement libre et dynamique lui-même, mais il préférait voir son assistance rester plutôt réservée. Seulement, un certain soir de sa campagne à Miami, il regarda au fond de l'auditorium, où vingt-mille personnes se tenaient debout dans la louange (plus quatre ou cinq mille dehors qui n'avaient pas pu entrer).

Et il aperçut un groupe de jeunes qui se balançaient d'avant en arrière en un mouvement de vagues, en suivant la musique. Cela l'aurait probablement ennuyé dans le passé mais, ce soir-là, il réclama l'attention de tout l'auditoire et, désignant de la main le groupe de jeunes, il dit :

- *Regardez-les ! Ils forment comme une grande vague pour le Seigneur : faisons-tous la même chose.*

Et de façon inattendue, il se trouva en train de diriger un immense mouvement de vagues à la louange du Seigneur.

Le réveil nous transforme tous et nous fait connaître une liberté plus grande. Un peu plus tard, dans la même soirée, quelqu'un s'est mis à danser et Benny Hinn lui a dit : «*Allez-y ! Dansez !*» Dieu nous libère pour nous amener à Le louer et L'adorer «***avec tout ce qui est en nous***».

Parmi les signes et les miracles qu'Il nous accorde lors de ce mouvement, le fait de tomber sous la puissante main de Dieu se manifeste de plus en plus. Quand les gens ne peuvent plus contrôler leur équilibre et n'ont d'autre choix que de se laisser tomber sous la puissance du Saint-Esprit, ils prennent vraiment conscience que Dieu est réel et que le travail qu'Il opère en eux est tout aussi réel.

Un autre signe, parmi les plus considérables qu'apporte chaque réveil, c'est une musique nouvelle, donnée par Dieu. La première fois que je me rendis à Brownsville (Pensacola), je remarquai que les assistants continuaient à chanter les chants des églises Vineyard, comme à Toronto. Je suggérai alors à Lindell Cooley qu'il se confie au Seigneur pour qu'Il lui donne par l'Esprit des chants originaux. Le don d'une musique venant de pair avec les chants nouveaux est un signe que le réveil est en pleine action. Ce frère avait un si magnifique répertoire de chants venus de partout que ma suggestion dut d'abord lui sembler superflue ; mais il se mit bientôt à l'écoute de l'Esprit et laissa Dieu lui donner des chants nouveaux. Et maintenant, lors de presque toutes les réunions de Brownsville, on entend un chant ou deux directement inspirés par l'Esprit sur le moment. Chaque réveil important produit ainsi sa propre musique et ses propres chants.

Cependant, les expériences faites au cours des réveils ne sont pas toutes agréables. Des persécutions surviennent qui ont souvent comme origine ceux qui avaient joué un rôle dans le réveil précédent. Ils considèrent que Dieu devrait agir de la même manière qu'Il l'avait fait de leur temps, et lorsque tout semble différent, ils en concluent que le mouvement ne vient pas de Lui. Quand j'ai appris récemment que le réveil de Brownsville faisait l'objet de persécutions, il me revint à l'esprit ce que Dieu avait ordonné aux enfants d'Israël : ils devaient marcher autour des murs de Jéricho six jours entiers dans un silence complet. Et le septième jour, Il leur donnerait la victoire. C'est souvent ce qui nous est le plus difficile : ne pas dire un mot. C'est tellement plus facile de parler pour nous justifier que de garder le silence en laissant le Seigneur prendre notre défense ! Seulement, si nous arrivons à rester muets le temps nécessaire, le moment de pousser des cris viendra et nous pourrons proclamer notre louange, notre foi et notre victoire.

Nous devrions nous attendre à ce que le réveil balaie toutes sortes de dénominations. Je prêchais un soir dans une église baptiste, quand je l'ai vu littéralement arriver sur cette communauté. Il pénétra par la porte du fond qui était en fait la porte d'entrée. Je vis un fleuve franchir le seuil et couvrir tout le sanctuaire. Il commença par l'assemblée avant d'atteindre l'estrade et d'entourer les responsables du ministère. Dieu me montra que le fleuve deviendrait si profond qu'il couvrirait complètement tous les membres des assemblées baptistes. Il faut bien, en effet, qu'il touche notre tête et ait raison de notre esprit contestataire pour que le Saint-Esprit puisse couler. J'ai su ensuite que nous étions tout près d'assister à un mouvement comparable à celui des années soixante-dix, qui reçut le nom de Renouveau Charismatique. Dieu va de nouveau communiquer à toutes les dénominations une fraîcheur nouvelle et, cette fois, un plus grand nombre d'entre elles va prendre part à la gloire du réveil et s'y maintenir.

Nous devons nous attendre à ce que la Ville Sainte, Jérusalem, prenne une part très importante dans ce réveil. Et comme des foules font l'effort de se rendre à Pensacola, à Toronto, et maintenant à Hendersonville, à la suite de l'émission de TV chrétienne TBN intitulée "*Breakthrough Revival Explosion*" (Explosion et Percée du Réveil), ainsi nous allons voir de plus en plus d'enfants de Dieu se rendre à Jérusalem.

Dieu nous a amenées à vivre à Jérusalem mon équipe et moi pour que nous soyons en mesure de ressentir la gloire extraordinaire qui vient sur la Cité. Parmi tous ceux qui s'exercent sur place, notre ministère a eu une vision unique, celle de connaître Jérusalem du point de vue de la gloire. Car depuis de longues années, il nous a été donné de nous tenir dans la gloire, au cœur de la cité, lors de notre réunion de prières quotidienne.

Nulle part au monde les cieux ne sont plus ouverts qu'au-dessus de la Ville Sainte. Ceux qui s'y rendent peuvent accéder au domaine de la révélation dans une bien plus large mesure que n'importe où ailleurs. A Jérusalem, Dieu révèle Sa gloire.

Si vous venez visiter cette ville, faites attention à ne pas vous laisser prendre uniquement par sa dimension historique fascinante, ni même par le seul intérêt des sites bibliques. Car si Dieu nous amène à la Jérusalem terrestre, c'est aussi pour nous donner une plus grande révélation concernant la Jérusalem spirituelle, la Nouvelle Jérusalem qui descend du Ciel, d'auprès de Lui. Et c'est dans un autre but encore : Il désire nous faire participer à Ses desseins, à Son plan pour la cité et pour le peuple d'Israël, en cette fin des temps.

L'autre soir, pendant notre réunion du mercredi à Richmond, le Seigneur a parlé, me rappelant que, même si actuellement je n'y vis plus à plein temps, j'aurais toujours à Jérusalem, un home et un ministère. Il affirma qu'il resterait toujours là deux grandes portes ouvertes pour moi. Cette année, notre ministère en Israël fonctionne et prospère sous la conduite avertie de plusieurs personnes remplies de l'onction. Nancy Bergen en assure la direction en mon absence.

La gloire de Dieu va se manifester de façon unique à Jérusalem dans les jours qui viennent ; et, à la suite de cette manifestation, il se forgera, entre la Cité Sainte et le reste du monde, une qualité de relations exceptionnelle. Tous ceux qui désirent en savoir davantage sur la pensée de Dieu concernant l'avenir de la Ville Sainte et de Son peuple, peuvent lire mon livre intitulé : "**Jerusalem, Zion, Israël and the Nations**". Cet ouvrage expose en particulier le plan du Seigneur à l'égard de Jérusalem et des nations du monde. Car tout ce que Dieu est sur le point d'accomplir est en étroite liaison avec ce qu'Il fait à Jérusalem. Cette année est celle du jubilée de la Cité et, en Mai 98, tout le pays célébrera le cinquantième anniversaire de la fondation de l'Etat d'Israël. Il s'agira également d'une année très significative pour le Corps de Christ, d'un temps de restauration, dans tous les domaines de Sa vie.

Aimer la terre d'Israël et son peuple n'est pas une option que le Seigneur propose à l'Eglise. C'est là qu'est Son cœur ; si vous désirez être partie prenante du réveil, laissez-vous saisir par l'œuvre que Dieu accomplit là-bas.

Le Seigneur emploie particulièrement dans ce domaine, une sœur, Carol Howells, nièce par alliance de Rees Howells, le fameux intercesseur gallois. J'ai eu l'occasion de prophétiser pour elle à Pensacola et soudainement le Seigneur l'a amenée au premier plan. Il accomplit par elle une œuvre incroyable.

Je veux parler encore d'un autre trésor que le réveil apporte avec lui : le nombre croissant des visitations angéliques. Non que les anges déploient plus d'activité autour de nous, mais c'est nous qui devenons plus sensibles à leur présence, plus ouverts à la révélation qui nous les fait reconnaître.

La présence des anges était devenue familière au prophète Zacharie, tout aussi familière que, pour nous, la présence du facteur ou du distributeur de journaux. Ainsi plusieurs aspects du monde surnaturel vont se manifester dans notre vie, jusqu'à ce que cette dimension nous devienne aussi réelle que le monde naturel. Par ailleurs, le réveil se répand bien au-delà des frontières nationales. Ainsi, en février 97 en Russie, un couple de missionnaire est venu pendant notre Convention d'hiver. Tout en prêchant, je regardais dans leur direction ; et j'eus soudain une vision de la nouvelle Jérusalem juste au-dessus de leurs têtes. J'ai vu la Nouvelle Jérusalem déployée au-dessus de la ville de Moscou.

Tout d'abord, cette vision m'a remplie de stupeur. Je ne rencontrais aucun problème à déclarer à ce frère et cette sœur que je voyais la Nouvelle Jérusalem, mais la voir au-dessus de Moscou me semblait tellement étrange !

C'est seulement plus tard que j'ai réalisé ceci : Moscou étant située géographiquement en droite ligne au Nord de Jérusalem, lorsque la Cité Céleste descendra sur Jérusalem, Elle passera normalement aussi au-dessus de Moscou.

Tandis que j'observais cette vision de la Nouvelle Jérusalem se tenant au-dessus de Moscou, la gloire dont j'étais témoin commença à pénétrer mes yeux et ma pensée au point que je devins ivre dans l'Esprit tant cette gloire avait d'intensité. J'ai vu alors qu'un grand réveil allait visiter Moscou - si grand que, de la même façon que les chrétiens s'y étaient rendus dans le passé pour apporter leur aide et bénir cette grande cité, ils y viendraient dans un avenir proche, de bien des parties du monde, pour y recevoir des bénédictions, attirés par la gloire qui s'y manifesterait. Après la vision, je demeurai plusieurs jours dans la gloire que j'avais vue ce soir-là. Son éclat était si grand que j'avais du mal à garder les yeux ouverts pendant les réunions.

Le soir où je reçus cette vision, le frère missionnaire vint me trouver à la fin du service pour me raconter son histoire : avant de revenir en Amérique, il avait accompagné son épouse au centre de Moscou pour différentes démarches et il était resté dans la voiture pendant qu'elle était dans un certain bâtiment pour les affaires en question. Or, pendant qu'il l'attendait, deux anges vinrent s'asseoir à côté de lui et lui parlèrent du réveil qui allait bientôt venir sur la Russie.

Cette expérience était si extraordinaire que, lorsque sa femme le rejoignit, il était incapable de parler et ne put rien expliquer de ce qui lui était arrivé. Ils n'échangèrent pas la moindre parole pendant tout le trajet de retour. C'est seulement plus tard dans la soirée que, la gloire s'étant quelque peu dissipée, le missionnaire put se mettre à tout raconter à son épouse.

Elle aussi avait ressenti quelque chose de très fort car, en entrant dans la voiture, elle avait été consciente d'une présence céleste.

Nous voyons là la manifestation d'une vérité fondamentale : toute la Terre sera remplie de la connaissance de la gloire de l'Eternel, et cela inclut bien sûr, Moscou !

Le père Owen Lally et la Sœur Yvonne Zeller, qui sont des amis, ont passé trente jours dans la gloire avec nous l'été dernier. Le père Lally connait particulièrement bien les questions relatives aux réveils ; il participa activement à celui qui eut lieu aux Philippines au début des années soixante-dix, au cours duquel un nombre incalculable de prêtres et de religieuses ainsi que des laïcs avaient été baptisés du Saint-Esprit.

Ces deux amis catholiques ont visité plusieurs lieux aux USA où le réveil est en marche, et ils ont publié un rapport qu'ils ont envoyé ensuite à des leaders et des laïcs de leur confession, un peu dans toute l'Amérique.

Voici ce qu'ils ont écrit à notre sujet :

« *C'est à Ashland, en Virginie que nous avons vu l'expression du réveil la plus délicieuse. Cette communauté tire son origine du grand réveil qui avait eu lieu à Azuza Street au début du siècle. Les familles Heflin et Ward furent parmi les pionniers de ce réveil et ceux qui les ont suivies forment maintenant un magnifique peuple d'adorateurs. La musique était douce et calme tout en vibrant de joie et de vie. La danse dans l'Esprit est un aspect important des rassemblements d'Ashland. Ruth Heflin est maintenant le leader de la communauté et son livre "**La Gloire**" est un vrai joyau de la littérature mystique. Elle a découvert les trois pas archétypes par lesquels entrer dans la manifestation de la présence divine. Elle est elle-même un* *témoin édifiant de la beauté et de l'importance du Réveil. Elle porte un amour profond à l'Eglise catholique et semble animée d'un grand désir de nous aider à faire naître le Réveil. Elle est venue à l'Eglise de la Présentation, à Philadelphie et éprouve une joie immense à voir comment Dieu agit au milieu de nous».*

Dieu accomplit ce qu'Il a promis. Il manifeste Sa gloire à travers toute la Terre. Que la vision de notre attente soit large et élevée à mesure que nous entrons davantage dans le réveil et que celui-ci s'étend.

Père Céleste,
Tu as fait que notre attente soit très grande, concernant ce réveil qui avance.
Nous désirons voir Ton bras étendu à la vue de tous les peuples, et voir Jésus glorifié.
En Ton nom, amen !

DEUXIEME PARTIE

COMMENT REPONDRE A LA GLOIRE DU REVEIL

CHAPITRE 9

DEMEURER DANS LA GLOIRE

Moïse dit à l'Eternel : Voici, tu me dis : Fais monter ce peuple ! Et tu ne me fais pas connaître qui tu enverras avec moi. Cependant, tu as dit : Je te connais par ton nom, et tu as trouvé grâce à mes yeux. Maintenant, si j'ai trouvé grâce à tes yeux, fais-moi connaitre tes voies ; alors je te connaîtrai, et je trouverai encore grâce à tes yeux. Considère que cette nation est ton peuple. L'Eternel répondit : Je marcherai moi-même avec toi, et je te donnerai du repos. Moïse lui dit : Si tu ne marches pas toi-même avec nous, ne nous fais point partir d'ici. **(Exode 33$^{12\text{-}15}$)**.

Nous ne voudrions nous trouver à aucun endroit où Dieu ne soit pas avec nous, même s'il s'agissait du lieu de rencontre le plus beau qui soit, sur le plan naturel, et fréquenté par les gens les plus passionnants. Ce serait peut-être ce qu'on peut trouver de mieux, mais nous ne voulons pas être là où n'est pas la présence du Seigneur. Combien nous Le remercions de manifester Sa présence au jour où nous vivons !

La présence de Dieu, c'est elle qui est la gloire. Un peu plus loin dans le même chapitre, Moïse dit encore :

Je T'en supplie, fais-moi voir Ta gloire ! (v. 18).

Nous nous trouvons dans un temps où tout est différent. Dieu ne fait pas que passer près de nous. Il y reste, Il s'y tient, Il nous accorde de vivre dans Sa gloire, dans Sa sainte présence.

Jésus aimait aller à Béthanie. C'était un des lieux où Il préférait se rendre. Et la raison, la voici : Marie, Marthe et Lazare aimaient avoir le Seigneur avec eux dans leur maison. Béthanie comptait sûrement beaucoup d'autres personnes qui aimaient se trouver près de Lui parce qu'Il guérissait les malades ou faisait divers autres miracles. Jésus était Celui qui avait multiplié les pains et les poissons, et beaucoup L'aimaient pour ce genre de raisons. Mais Marie, Marthe et Lazare ne Lui demandaient que Sa présence. Je les imagine parlant ainsi :

- Entre, Maître et assieds-Toi. Permets que nous Te préparions un repas. Installe-Toi bien et nous viendrons nous asseoir près de Toi. Nous apprécions tellement de T'avoir avec nous ! Tu n'as même pas besoin de nous donner un de Tes précieux enseignements. Reste simplement avec nous, à la maison.

Le Seigneur aime rencontrer un amour réciproque, être avec ceux et celles qui aiment Sa présence. Cela signifie-t-il que Dieu ne désire plus accorder de miracles ? Non, Il le veut toujours. Il veut encore guérir. Mais ce que nous commençons à découvrir maintenant, c'est que des miracles se produisent simplement parce que Sa présence est là. Il y a des guérisons dans Sa présence. Sans même qu'Il ait besoin de dire un mot, un miracle peut se produire par Sa seule présence. Sans qu'Il étende la main et touche une personne, une guérison, une délivrance survient. Sa présence accomplit «**des merveilles**» (**Marc 7**[37]).

Une gloire est liée à la présence de Dieu et nous sommes en train d'apprendre à en apprécier la manifestation au milieu de nous. Je ne veux plus aller dans une église où Sa présence ne se manifeste pas. Même si cette communauté peut offrir la plus belle des chorales, le sermon le plus élaboré ; je préfère me trouver à un endroit où le chœur n'est pas aussi parfait au point de vue musical, mais où tous ceux qui chantent savent le faire dans la gloire et font ainsi descendre la gloire dans mon âme et dans mon esprit.

J'aime la compagnie de ceux qui se rassemblent pour être avec le Seigneur, car alors, Sa présence devient soudain tangible au milieu de nous. Voilà pourquoi j'aime venir à l'église. Je ne quitte jamais la Maison du Seigneur sans avoir touché Sa gloire, parce que Dieu nous a appris comment entrer dans cette grâce, comment en connaître l'expérience.

Dieu répond à Moïse, en disant : «*Il y a une place près de Moi*». C'est là que je désire me trouver. Cette place m'est réservée, pour que j'aie la possibilité de m'approcher tout près de Lui. Il nous dit «*Approchez-vous*». C'est comme si nous avancions notre chaise pour venir plus près de notre meilleur ami ; pour nous asseoir tout à côté de notre frère le plus intime. Ce mouvement, s'approcher, est saint en lui-même, c'est une démarche juste et qui suffit à nous faire sentir Sa présence et découvrir la manifestation de Sa gloire.

Or la gloire nous affecte de façon tangible :

> **Moïse descendit de la montagne de Sinaï, ayant les deux tables du témoignage dans sa main, en descendant de la montagne; et il ne savait pas que la peau de son visage rayonnait, parce qu'il avait parlé avec l'Eternel.** (**Exode 34[29]**).

L'éclat, sur le visage de Moïse, était la marque de la présence de Dieu. Vous ne pouvez pas vous tenir dans Sa présence sans que celle-ci devienne visible dans votre vie. Il n'y a pas longtemps, quatre amis baptistes vinrent à l'une de nos réunions. Ils nous expliquèrent qu'ils avaient voulu nous connaître à cause du changement spectaculaire qu'ils avait observé dans la vie d'un de leurs collaborateurs, David Hunter, après qu'il ait assisté à nos services.

La présence du Seigneur nous change dans notre être entier. Elle apparaissait comme un éclat brillant sur le visage de Moïse ; à son exemple, chacun de nous doit porter un signe de la gloire, une marque sainte, et présenter l'aspect de quelqu'un qui a contemplé, de ses yeux émerveillés, le visage de Jésus. Cette expérience bénie est souvent visible dans le regard de ceux qui ont passé du temps avec Dieu.

Lors d'un service tenu à Caddo Mills, une ville du Texas, parmi ceux qui étaient tombés à terre dans l'Esprit, il y avait une dame et son fils. Le jeune homme resta allongé une heure ou même davantage, comme figé sur place. Un soir ou deux après mon départ, Shelli Baker, qui continuait ce ministère, imposa les mains à ce même jeune homme et, avec beaucoup d'autres, il tomba à nouveau sous l'effet de la puissance de Dieu. Comme, après plusieurs heures, le pasteur s'apprêtait à quitter l'église, il restait toujours allongé, complètement figé.

La plupart des lumières furent éteintes ; et soudain, ceux qui n'avaient pas encore quitté l'église furent surpris en voyant une lumière sur le jeune homme.

Elle n'était pas posée sur lui seulement, elle semblait rayonner de lui, comme émanant de tout son être. J'avais toujours considéré la gloire qui brillait sur la face de Moïse comme un reflet, provenant du fait qu'il s'était tenu face à face avec Dieu. La lumière émanant de la face de l'Eternel avait brillé sur celle de Moïse et cette expérience l'avait marqué, d'abord extérieurement, puis intérieurement. Mais après avoir appris ce qu'avait vécu ce jeune homme du Texas, je ne suis plus aussi sûre de mon interprétation. Je crois plutôt, maintenant, qu'il s'est agi d'abord d'une expérience intérieure, se manifestant à l'extérieur ensuite.

Le visage de Moïse brillait et notre visage le peut aussi. De quelle manière brillait-il ? Il ne s'agissait pas d'un simple reflet, ni d'une simple lueur. Il était brillant. La lumière répandue sur son visage était si éclatante que le peuple ne pouvait plus le regarder. C'est ce que Dieu veut faire pour nous en ces temps particuliers. Nous avons toujours pensé que seul Moïse avait pu connaître une expérience aussi grandiose, mais nous savons aujourd'hui que nous sommes tous destinés à voir la gloire de Dieu et à la refléter aux yeux du monde. Amen !

Certes, Moïse était demeuré dans la présence du Seigneur plus longtemps que la plupart d'entre nous ; mais, au fur et à mesure que nous y entrons à notre tour, que nous passons plus de temps avec Lui, à communier avec Lui, à L'adorer, nous allons nous apercevoir que la lumière glorieuse de l'Evangile de Jésus-Christ non seulement brille dans nos cœurs, mais se manifeste aussi au dehors, dans nos vies.

Je possède un magnifique tableau ; il est assez ancien, mais nous venons juste de le retrouver. Il montre le Seigneur ressuscité dans le jardin, au matin de Pâques. Il parle avec Marie. L'artiste a magistralement réussi à capter l'intensité de cet instant. Une telle gloire se lit sur le visage de Marie ! Et le rayonnement sur celui de Jésus n'est autre que l'éclat de la gloire de la résurrection.

Je sais que la gloire a reposé sur Jésus tout au long de Son ministère terrestre. Elle était présente dès Sa naissance. Seulement, en cette aube de la résurrection, la gloire qui Le recouvrait était supérieure à celle qui s'était manifestée sur le lieu de la Nativité. La gloire accompagnait Sa marche sur la Terre, quand Il guérissait les malades, par exemple, mais celle que reflétait le tableau était plus grande encore. Elle faisait penser à celle qui avait recouvert le Seigneur sur la montagne de la Transfiguration, là où Dieu Lui avait accordé les prémices de la résurrection. Le Christ ressuscité est Celui que nous servons et, de même qu'Il a marché de gloire en gloire, jusqu'à la gloire suprême, de même Il nous conduit dans une dimension de gloire de plus en plus élevée.

J'ai été vraiment bénie, cette année, par une merveilleuse vision du Seigneur Jésus ressuscité. Ce qui m'apparut de plus glorieux sur Sa personne fut la VIE contenue dans la gloire qui L'entourait, au moment où Il sortit du tombeau : cette vie dans la gloire surpassait toutes les expressions de la gloire que j'avais pu voir auparavant. Pendant les jours qui suivirent, chaque fois que je pensais à la résurrection et à Jésus ressuscité, je revoyais cette vie merveilleuse, cette gloire vibrante, une gloire toujours vivante. Quelle grâce ! En fait, au moment où je raconte la vision, je revois encore cette gloire de la résurrection.

Plusieurs d'entre nous sont près d'atteindre l'expérience faite par Moïse quand il s'est tenu devant Dieu sur la montagne. Si nous avons une soif ardente de Sa présence, si nous crions à Lui : "*Fais-moi voir Ta gloire!*", cette grâce nous sera accordée. Comme l'apparence de Jésus changea devant les yeux de Ses disciples, nous sommes aussi transformés par la manifestation de la gloire du Seigneur. Lui-même nous change de gloire en gloire. Ces jours sont des jours de réveil où Sa grâce opère en nous un profond travail par la puissance du Saint-Esprit.

Comme Moïse, je veux déclarer : "*Si Ta présence ne m'accompagne pas, je ne veux aller nulle part*". Je ne veux aller à aucun endroit où Il ne m'ait précédée dans la plénitude de Sa gloire, dans cette manifestation de Sa présence.

Il est en train d'ôter le voile de nos yeux, d'en faire tomber les écailles, d'enlever les œillères qui nous restaient encore. Il écarte les obstacles et les limitations de notre esprit et de nos pensées ; et même, le voile épais que les soucis de la vie avaient déposé sur notre cœur, Il le fait disparaître, afin que nous puissions connaître une nouvelle et plus grande expérience de Sa gloire. Par la puissance du Saint-Esprit, Il se révèle à nous en Personne.

Le jour vient où ceux qui nous regarderont discerneront la gloire du Seigneur devenue visible à nos côtés. Telle est la gloire qu'Il a le désir de manifester aujourd'hui - au point que quelqu'un nous dira peut-être : "*Vous n'êtes pas venu seul !*" Nous répondrons que nous sommes bien venus seuls, mais notre interlocuteur insistera en affirmant avoir vu quelqu'un à nos côtés nous accompagner.

Comme le roi de Babylone et ses serviteurs ont vu le Quatrième Homme dans la fournaise ardente, Dieu peut parfaitement amener la présence d'une seconde personne à être si réelle à nos côtés que les autres l'apercevront. Jésus est avec nous dans toutes les circonstances de notre vie et, d'ailleurs, Sa présence va nous devenir de plus en plus sensible. Elle est incomparable ! Il ne s'agit pas seulement d'une promesse : nous sentons parfois réellement que Jésus est là. Et plus nous vivons dans Sa présence, plus nous sommes comme Moïse, déterminés à n'aller nulle part où elle ne nous accompagnerait pas. Nous sommes décidés à demeurer dans la gloire !

Dieu nous oblige à lever les yeux. Il se sert souvent, pour nous y amener, de situations si difficiles à traverser que, pour les affronter, nous n'avons pas d'autre choix que de regarder vers Lui. Nous devons tous nous exercer à lever nos regards vers la gloire, sans avoir à y être contraints.

Durant les vingt-cinq ans où nous avons vécu à Jérusalem, nous avons appris comment entrer dans la présence du Seigneur et nous élever au-dessus des crises qui faisaient l'actualité. Cette attitude fait toute la différence entre les vautours et les aigles. Tandis que les premiers se tiennent à proximité de la terre, scrutant le sol pour y repérer des chairs mortes, les seconds s'élèvent au-dessus de tout ce qui se passe à ce niveau-là et planent dans les hauteurs du ciel. Dieu nous donne dans l'Esprit cette faculté de nous élancer vers le ciel.

A Jérusalem, on ne cesse d'apprendre des nouvelles qui font trembler. J'ai dit souvent que vivre continuellement au milieu des "bruits de guerre" est peut-être pire que de vivre en état de guerre ; c'est en tout cas ce que nous avons expérimenté lors de la Guerre du Golfe : nous avions aménagé une pièce étanche, comme tout le monde en Israël. Si nous entendions les sirènes mugir à deux heures du matin, nous devions sauter du lit, nous précipiter dans cette chambre spéciale, fermer les portes, mettre nos masques à gaz et attendre la suite des évènements. Il fallait appliquer toutes ces règles en moins de deux minutes. Pourtant, cette période et les sentiments qui l'accompagnaient, ne nous ont pas semblé aussi pénibles que le fait de vivre au milieu de constantes rumeurs de guerre.

Presque quotidiennement, nous parvenait l'annonce d'un désastre imminent. Par exemple :

- *Avant demain matin, les Syriens vont attaquer ...*
- *Avant la fin de la semaine, surviendra tel ou tel événement dramatique.*

Au début, ces rumeurs nous perturbaient beaucoup : "Et si elles étaient vraiment fondées ?" nous demandions-nous. Nous voulions assurément y être préparés. Mais que devions-nous faire dans ce but ? Comment savoir exactement ce qui allait arriver et quel serait le degré de gravité des évènements ?

Puis, assez vite, nous avons compris que la meilleure attitude à adopter devant chaque nouvelle inquiétante était de nous réfugier dans l'Esprit. On dirait parfois que l'ennemi ne réalise pas qu'en faisant surgir tant de problèmes sur notre chemin, il nous pousse lui-même dans les bras du Seigneur. Alors, s'il vous poursuit assez longtemps, vous apprendrez plus rapidement à trouver refuge dans l'Esprit. Il en est de même des exercices de secours : la première fois que vous les pratiquez, ils vous prendront peut-être quinze minutes, mais si l'entraînement se renouvelle à plusieurs reprises, vous saurez réduire ce temps de façon conséquente. Ainsi, soyons reconnaissants pour nos difficultés, qui nous poussent à chercher Dieu.

Chacun de nous doit s'exercer à entrer rapidement dans la présence du Seigneur et à se décharger sur Lui de ses pesants fardeaux. Nous devons apprendre à fixer désormais les yeux, non sur ce qui est temporel, mais sur ce qui est éternel.

Dieu nous a donné une espérance éternelle. Cette perspective est bien plus vaste que celle qui nous est ouverte dans la vie naturelle, aux espoirs éphémères disparaissant au fil du temps. Et parce que notre espérance est éternelle, il faut nous élever dans la gloire, afin de pouvoir contempler les réalités éternelles. Il nous faut laisser Dieu nous élever Lui-même bien des fois jusqu'à ces hauteurs par l'action de Son Saint-Esprit. Lorsque la plupart des croyants parlent de Dieu comme d'un "***feu dévorant***", ils mettent cette expression biblique en rapport avec des péchés dont il faut se repentir. Cette interprétation peut être exacte dans le cas de ceux qui transportent encore un "excédent de bagages" dont ils doivent se débarrasser. Mais ceux d'entre nous qui cherchent le Seigneur de tout leur cœur vivent une vie sans péché ; car, dès que nous commettons une faute, le Saint-Esprit nous en convainc aussitôt et nous en demandons tout de suite pardon, afin de poursuivre notre marche. Pourtant, même en vivant une vie pure devant Dieu, nous gardons des charges que nous ne sommes pas toujours prêts à laisser tomber, jusqu'à ce qu'Il les consume par Son feu. C'est là tout ce qu'Il veut de nous : que Son feu brûle en nous jusqu'à ce que ce soit Lui qui devienne notre unique souhait, notre seule pensée, notre seul désir et notre seul but. Le feu de l'Esprit nous consume et pénètre au fond de notre être, jusqu'à ce que nous soyons nous-mêmes consumés complètement par Sa propre vision.

Vous me direz peut-être :

- *Oui Ruth, mais nous vivons au milieu du monde naturel !*

- *C'est vrai,* vous répondrai-je, *mais il n'est pas inévitable que ce monde nous affecte. Nos pieds marchent au contact de cette terre et nos mains agissent en fonction des circonstances naturelles, mais nous pouvons en même temps nous envoler très haut dans les lieux célestes. Ce ne sont pas vos devoirs d'étudiant, ni votre métier, qui vous maintiennent au ras du sol, mais plutôt les limitations que vous gardez dans le domaine de vos pensées.*

Or le feu de Dieu a le pouvoir de vous consumer de telle sorte que vous resterez capables de faire face à toutes vos obligations terrestres, sans qu'aucune d'elles ne vous tienne en captivité. Prenez position et demeurez dans la gloire, et les tâches de la terre s'accompliront d'elles-mêmes.

Père céleste,
Que Ta présence est merveilleuse !
Que nous sommes heureux de vivre dans cette présence !
Que nous sommes reconnaissants que Tu marches avec nous, jusqu'à la fin du monde ! Amen !

CHAPITRE 10

VIVRE ET MARCHER DANS LA GLOIRE

Aussi longtemps que durèrent leurs marches, les enfants d'Israël partaient, quand la nuée s'élevait de dessus le tabernacle. Et quand la nuée ne s'élevait pas, ils ne partaient pas, jusqu'à ce qu'elle s'élevât. (Exode 40[36-37]).

Quand la nuée s'élevait de dessus la tente, les enfants d'Israël partaient ; et les enfants d'Israël campaient dans le lieu où s'arrêtait la nuée. Les enfants d'Israël partaient sur l'ordre de l'Eternel, et ils campaient sur l'ordre de l'Eternel ; ils campaient aussi longtemps que la nuée restait sur le tabernacle. Quand la nuée restait longtemps sur le tabernacle, les enfants d'Israël obéissaient au commandement de l'Eternel, et ne partaient point. Quand la nuée restait peu de jours sur le tabernacle, ils campaient sur l'ordre de l'Eternel, et ils partaient sur l'ordre de l'Eternel. Si la nuée s'arrêtait du soir au matin, et s'élevait le matin, ils partaient. Si la nuée s'élevait après un jour et une nuit, ils partaient. Si la nuée s'arrêtait sur le tabernacle deux jours, ou un mois, ou une année, les enfants d'Israël restaient campés, et ne partaient point ; et quand elle s'élevait, ils partaient. Ils campaient sur l'ordre de l'Eternel, et

ils partaient sur l'ordre de l'Eternel ; ils obéissaient au commandement de l'Eternel, sur l'ordre de l'Eternel par Moïse. **(Nombres 9[17-23])**.

La nuée et ses déplacements furent un étrange phénomène qui accompagna les enfants d'Israël en route vers la Terre Promise. Lorsqu'ils s'arrêtaient quelque part, c'est parce que la gloire s'y trouvait. A cause d'elle, la bénédiction leur était assurée et tout allait bien. Lorsque la nuée s'élevait, il est possible qu'ils aient quelquefois souhaité demeurer là où ils avaient connu la bénédiction. Mais la bénédiction ne se trouve pas dans un lieu géographique, elle se trouve dans la nuée, dans la présence de Dieu.

La nuée était le signe visible de la présence de Dieu, comme la gloire en est la manifestation au milieu de nous aujourd'hui. Parfois le peuple voyait la nuée et parfois non ; de même la gloire peut être visible ou invisible. Elle apparaît par révélation. La nuée était un signe évident de changement, ce qu'est également la gloire pour nous. Le déplacement de la nuée était équivalent à un ordre que Dieu aurait formulé ; c'était un signe visible de la Parole sortie de Sa bouche.

Je suis certaine qu'en de multiples occasions, le peuple ne comprenait pas pourquoi il lui fallait partir. Il se trouvait vraiment dans la volonté de Dieu : au bon endroit, au bon moment et dans des circonstances correctes. Pourquoi se trouvait-il brusquement privé de la nuée ? Ainsi, en Amérique et partout ailleurs dans le monde, une multitude de croyants demeurent où ils sont depuis des années. Ils sont persuadés de se trouver sous la nuée, ne réalisant pas qu'elle s'est déplacée. Leurs activités les occupent en ces lieux où elle s'était tenue dans le passé, si bien qu'ils ne se sont pas aperçus qu'elle s'était levée et éloignée.

Beaucoup de précieux chrétiens ont leur place dans un beau tabernacle qui, autrefois, a connu la gloire, la présence de Dieu et Sa révélation. Mais ils sont maintenant consternés, se demandant comment il se fait qu'ils ne ressentent plus la gloire comme avant. Si seulement ils avaient levé les yeux, ils auraient pu la voir s'en aller. Mais ils étaient trop absorbés par tout ce qui faisait leur vie pour pouvoir discerner que Dieu agissait de façon nouvelle.

Certains peuvent rester sur place très longtemps, disposant d'un matériel suffisant pour les soutenir là où ils sont. Ils peuvent maintenir l'œuvre comme si la nuée était toujours là, mais ils ne font que s'abuser eux-mêmes. Car elle s'en est allée.

Essayer d'accomplir quoi que ce soit sans s'assurer de la présence de Dieu, c'est être semblable à ce que Paul décrit :

Je suis un airain qui résonne, une cymbale qui retentit.
(1 Corinthiens 13[1]).

Nous n'avons pas beaucoup de joie à écouter des prédicateurs qui prononcent depuis des années les mêmes vérités, car nous ne pouvons pas ressentir la fraîcheur de la gloire dans leurs paroles.

Au commencement de la "bénédiction de Toronto", les gens sont venus du monde entier pour être bénis dans cet endroit. J'ai des amis en Australie dont les leaders de l'église se sont rendus à Toronto. A leur retour, ils ont organisé des réunions (dites "de saturation") afin de communiquer cette bénédiction. Lorsque je leur ai demandé ce qu'ils en pensaient, mes amis ont répondu :

- *Eh bien, nous avons de bonnes réunions. Dieu honore les prières des leaders et quelques personnes tombent sous l'action de l'Esprit.*

- *Mais,* ajouta l'épouse, *dans l'ensemble il y manque cette impression extraordinaire...*

Par ces mots, elle nous faisait savoir qu'une certaine forme de réveil avait effectivement touché l'église, mais c'était comme si la gloire n'était pas au rendez-vous. Elle s'en rendait compte par l'absence de "cette extraordinaire impression". Dans la gloire, il y a une conscience merveilleuse de la présence de Dieu.

Au cours des préparatifs d'une importante convention, il n'est pas toujours facile de savoir quels orateurs inviter. Certains de ceux que nous avons appréciés dans le passé prêchent toujours de la même façon, mais il se trouve comme un manque de sincérité dans leur discours. La réputation ne s'accompagne pas forcément de l'aptitude à suivre le courant de la révélation que Dieu donne aujourd'hui.

Il peut être préférable de faire appel à des prédicateurs ayant moins d'expérience, mais qui sont conscients de leurs limitations et cherchent Dieu de tout leur cœur. L'art d'attirer les foules n'est pas en soi la preuve qu'un orateur vit sous la nuée. Apprenons à être sensibles à son mouvement et à la présence de la gloire sur les serviteurs de Dieu. Nous ne pouvons pas nous permettre de rester attachés à un ministère, sur la seule base de sa grandeur passée. C'est l'heure de se lever, d'avancer avec la nuée.

La révélation d'hier n'inspire pas forcément notre âme à s'élever ; elle peut même avoir pour effet de nous bercer jusqu'à nous endormir. Elle ne nous suffit plus. Levons-nous, si nous voulons rester sous la nuée, car elle est en marche. Nous aimons tous les vieilles histoires. Nous aimons raconter ce que Dieu a fait pour nous dans le passé. C'est bien, mais il faut qu'à travers ces récits, le Seigneur puisse faire passer quelque parole nouvelle et pleine de vie, sinon nous manquerons la bénédiction qu'Il veut transmettre aujourd'hui.

Pour ma part, le fait d'avoir contribué au développement d'un beau "camp", celui de nos conventions, ne me satisfait pas. Je ne me satisfais pas de la force des pieux que j'ai enfoncés dans le sol. La gloire seule comble mon cœur et, si elle se déplace, je suis obligée de la suivre car, sans elle, mon âme ne jouirait ni du bonheur ni de la paix. Si donc il nous faut arracher quelques piquets de tentes pour être en mesure de suivre la nuée, faisons-le. Procurons-nous même un outil pratique pour les arracher et devenons habiles à cet exercice.

Certes, je crois qu'il est bon que nos piquets soient solidement enfoncés pour que nos tentes soient bien installées. Je crois aux bienfaits de la stabilité et il est important de rester là où nous sommes aussi longtemps que Dieu le veut. Mais soyons attentifs ! Ne laissons pas la gloire s'éloigner sans la suivre.

Il n'est pas toujours aisé de quitter un endroit. Il faut arracher les pieux, emballer toutes les affaires et souvent en alléger le poids. Mais quoi qu'il en coûte, pour s'élancer à la suite de la gloire, faisons-le. "*La roue au milieu de la roue*" (1) s'est mise à tourner. Alors ne vous privez pas, pour des objets auxquels vous restez attachés, d'avoir part à l'œuvre que Dieu accomplit. Tenez d'une main légère les choses de ce monde, afin d'être prêts à bouger au moindre signe que la nuée se lève.

Si vous sentez "*le feu brûler à l'intérieur du feu*" (2) alors n'hésitez pas ! Ne vous retournez pas pour un regard sur le monde. Partez ! Si vous avez le sentiment que la gloire s'élève, levez-vous avec elle. Si vous percevez le mouvement de la nuée, suivez-la. Peu importe que vous veniez juste d'enfoncer vos piquets à la bonne place.

Dieu n'agit pas selon notre emploi du temps et Il ne saurait se plier à nos programmes établis. Il œuvre de manière souveraine, comme il Lui plaît et, si vous ne suivez pas Son mouvement, vous serez laissés en arrière. Apprenez à vivre sous la nuée et ne permettez pas à quoi que ce soit de vous en détourner. Qu'elle vous recouvre par dessus et par dessous, qu'elle vous enferme, vous enveloppe et vous consume. Que la gloire de l'Esprit de Dieu soit votre vêtement.

Elle est à tel point puissante pour consumer que vous allez voir, dans des jours prochains, des ministères qui avaient opposé précédemment une résistance à certains aspects du mouvement de l'Esprit, se trouver baptisés dans la nuée, et se comporter d'une manière qu'ils n'auraient jamais imaginée. Oh! Seigneur, hâte ce jour ! Avancez avec la nuée !

Affirmer que certaines églises ne se rendent pas compte qu'elles ne sont plus sous la nuée peut paraître dur. Toutefois, pensez à des croyants aussi sincères et saints que Joseph et Marie, choisis par Dieu pour être les protecteurs du Seigneur

(1 & 2) Il s'agit des paroles d'un chant reçu par l'Esprit en rapport avec la vision d'**Ezéchiel 1**[16]. NdT)

Jésus enfant ; ils ont marché une journée entière sans réaliser qu'Il n'était plus avec eux. Jésus n'était pas parmi les pèlerins et ils n'en savaient rien. Quand ils s'en aperçurent, ils retournèrent à Jérusalem pour Le chercher. Ils poursuivaient leur voyage, confiants, mais Sa présence ne les accompagnait plus. Il était resté dans la ville tandis qu'ils l'avaient quittée.

Que ce soit Lui qui parte et nous qui restions, ou l'inverse, nous avons un problème : nous ne pouvons pas vivre sans Lui ! Que Dieu nous aide toujours à être conscients de Son absence afin que nous puissions Le rechercher.

Certains ne sont jamais prêts au moment où Dieu veut aller plus loin ; s'ils n'ont pas une tâche "vraiment importante" à finir d'abord, ils s'en trouveront une. Si bien que, chaque fois, ils passent à côté de ce qui aurait été le meilleur pour leur vie.

Il arrive aussi que Dieu se lasse d'attendre. Et, si c'est votre attitude de vouloir toujours que tout se passe à l'instant qui vous convient, réagissez, levez-vous et courez là où est la nuée. Ne laissez rien, ni personne vous priver de Sa présence. Surmontez votre volonté propre : l'œuvre de Dieu ne s'accomplira ni à votre manière ni à votre moment. IL EST DIEU et, quand Son char de feu s'élance, il faut s'élancer avec lui.

Peut-être aviez-vous juste réussi à organiser votre vie comme vous le souhaitiez ; peut-être étiez-vous arrivé à mettre la touche finale à la décoration de votre habitation ; et voilà que la nuée se lève et commence à s'éloigner ! L'épreuve est difficile : au moment où avez enfin le sentiment d'avoir bien repris votre vie en mains, une fois encore Dieu entre en action et change l'ordre des choses.

Que faire si tel est votre cas ? Il n'y a pas d'alternative ; il vous faut suivre la nuée ! Abandonnez ce que vous devez abandonner ; vendez ce que vous avez à vendre ; donnez ce que vous pouvez donner, mais suivez la nuée de gloire. Ne laissez rien, ni personne, vous en empêcher. Vous n'avez pas d'autre choix.

Si Dieu n'est pas avec vous dans l'activité qui vous occupe actuellement, revenez sur vos pas pour Le chercher. Si vous réalisez soudain que Sa présence s'est éloignée sans attirer votre attention, levez-vous et courez pour la retrouver. Ne tardez pas !

Si vous vous en êtes écartés, en voulant appliquer une méthode qui avait bien réussi à quelqu'un d'autre, revenez là où vous retrouverez la présence du Seigneur. Car Il est plus important que tous les systèmes, les programmes ou les méthodes. Revenez à la simplicité de Sa présence.

Vous n'êtes en sécurité que sous la nuée : là se trouve la santé divine, l'assurance de toute provision et de la véritable révélation. C'est là que vous est garanti le salut pour votre famille, comme pour votre pays.

Quand la nuée de la gloire commençait à se déplacer, les enfants d'Israël faisaient rapidement leurs bagages, devant sans doute souvent en alléger le poids afin de pouvoir plus aisément reprendre la route. Quoi qu'il nous en coûte, nous devons en faire autant.

Après que le Seigneur eut répandu Son Esprit sur les disciples réunis dans la chambre haute, il a suffi de peu de jours pour que la structure du premier christianisme se trouve profondément modifiée et pour que Dieu suscite un groupe de leaders entièrement renouvelés : ceux qui croyaient en Son Esprit. Si des croyants n'évoluent pas, s'ils demeurent exactement là où ils se trouvent depuis toujours, s'ils n'ont connu aucun changement en vingt ans, je considère qu'ils courent le risque d'être laissés en arrière. Dieu va de l'avant. Il me dit souvent :

- Ruth, quand J'en aurai fini avec toi, tu ne reconnaîtras pas celle que tu seras devenue.

Et je le crois. Le Seigneur m'a transformée encore et encore, et Il continue chaque jour.

Le réveil est un mouvement spontané et nous aussi, nous devons apprendre la spontanéité.

Pendant des années j'ai pris ma concordance avec moi sur l'estrade : tandis que j'attendais, assise à ma place dans la présence du Seigneur, Il me mettait au cœur une parole ; j'examinais alors le verset en question et je savais quel message Dieu m'indiquait pour ma prédication. Mais aujourd'hui, Il attend parfois pour me transmettre le message que je sois déjà debout devant l'auditoire ; alors je garde ma concordance dans les mains jusqu'au pupitre. Nous sommes dans des temps nouveaux.

Parfois, je me mets à prophétiser et, pendant que je parle, l'orientation de la prédication m'est donnée. J'aime ce qui est spontané et le Seigneur l'aime aussi. Bien entendu, cela ne signifie pas que Dieu ne nous parle pas avant le moment où nous devons prêcher ; Il le peut, évidemment. Mais je sais qu'Il cherche des serviteurs qui laisseront Son Esprit s'exprimer librement.

Nous avons besoin parfois de cesser toute autre activité pour écouter avec soin ce que l'Esprit est en train de nous dire. Nous pouvons être tellement pris par nos occupations que nous ne remarquons même pas que nous avons perdu du terrain. Faisons donc une pause et prêtons toute notre attention à la voix qui vient de la colonne de nuée. Alors, quand celle-ci se mettra en mouvement, nous nous lèverons et la suivrons sans tarder. Il y a des gens qui s'affolent au moindre signe de changement, mais ce n'est pas une attitude raisonnable ; Dieu ne nous a-t-Il pas donné Sa parole et ne connaissons-nous pas les intentions de Son cœur ? Nous savons que Son unique désir pour nous c'est que nous soyons changés de gloire en gloire ! Il n'a jamais suscité de changement dans la vie de Ses enfants qui n'ait en vue une gloire plus grande que celle qu'ils avaient connue jusqu'alors. Le changement est donc notre allié. Les transformations que Dieu produit dans nos existences ont pour but de nous faire expérimenter "***un poids de gloire infiniment plus grand, et éternel***". En fait, la transformation que nous acceptons, devient la mesure de la gloire.

On est prêt rapidement aussitôt qu'on est convaincu qu'aller de l'avant est le meilleur choix à faire. C'est pour prendre la décision qu'il nous faut du temps. Ensuite, le départ peut être rapide. Le plus difficile est de se décider. Mais écartez donc toutes vos excuses et mettez-vous en marche pour suivre la nuée de la gloire de Dieu.

Après la mort de mon frère, j'ai décidé de m'installer dans sa maison, qui nous avait d'ailleurs été donnée à tous les deux, il y a bien des années. Je n'étais pas pressée ; il y avait certaines transformations à y effectuer et je me trouvais bien où j'étais en attendant.

Or, un matin, comme je m'apprêtais à téléphoner depuis ma chambre, je m'aperçus, en décrochant l'appareil, que la ligne était coupée. Il y avait eu un malentendu avec la compagnie du téléphone, en sorte que ma ligne avait été déconnectée et transférée à ma future maison. Alors je pris soudain conscience que le moment d'emménager était arrivé. J'avais remis cette décision depuis longtemps, mais quelqu'un d'autre l'avait prise à ma place.

Nous aimons décider nous-mêmes, en général, mais en fait, c'est plus facile et plus sûr de laisser Dieu le faire pour nous. Changer de domicile ne m'était pas difficile parce que j'avais amplement pris l'habitude, au cours de mes nombreuses années de voyages au service du Seigneur, de tenir toujours prête une petite valise, près de la porte. Et chaque fois que j'étais de retour à la maison, je sortais de la valise le linge à laver, j'y remettais des vêtements propres et elle se trouvait de nouveau prête pour le prochain départ. Pour être prête à repartir, je n'avais guère besoin de plus de dix minutes. Je laissais parfois des problèmes que j'aurais à régler ultérieurement, mais je pouvais partir.

Ce jour-là, quand je suis arrivée dans la maison de mon frère, je me suis aperçue qu'il ne s'y trouvait ni café, ni cafetière électrique, ni aucune autre boisson. J'aurais évidemment préféré que l'ordre soit inversé, que tout le nécessaire soit dans la maison d'abord et y emménager ensuite. Mais Dieu ne m'a pas laissé le choix : Il veut que nous nous mettions en route et Il règle ensuite le cours des évènements. Si nous faisons ce qu'Il attend de nous, tout le reste se met en place. Pourtant, lorsque Dieu nous indique qu'il est temps de partir, ce n'est pas forcément le jour ni le moment qui nous convient le mieux. Alors Il nous donne une légère poussée pour nous faire entrer au milieu du courant de Sa rivière.

Plus votre foi touche les lieux célestes, plus vous connaissez le domaine de la gloire, et plus vous désirez le connaître, dans une recherche qui va au-delà de tout ce que vous avez expérimenté auparavant. En plus, si nous sommes d'accord, Dieu nous aidera à passer rapidement des vérités anciennes aux nouvelles.

Il existe une période de transition pendant laquelle nous sommes partagés entre notre ancien niveau de foi et les richesses toutes neuves que nous entrevoyons, et où nous penchons tantôt d'un côté, tantôt de l'autre. Mais Dieu nous aide à nous avancer vers des degrés supérieurs de la gloire, où nous n'en goûterons plus seulement quelques éclaboussures, quelques attouchements, quelques aperçus, mais où nous la verrons couler en torrents.

Alors, laissons-Le nous élever vers ces sommets que nous n'avons encore jamais connus. Rien de moindre ne pourra me satisfaire, et vous non plus, j'en suis sûre.

La Gloire possède son propre rythme, si bien que, lorsque nous parlons de la nuée, nous parlons de mouvement. Car même quand la colonne de nuée restait immobile, ceux qui se trouvaient dessous avançaient : dans leur niveau de foi, dans la dimension de leur connaissance, dans l'ampleur de leur autorité, et de gloire en gloire. Il nous faut donc apprendre à demeurer sous la nuée, mais aussi à la suivre aussitôt qu'elle se met en mouvement.

Tous ceux qui sentent que la nuée a touché leur vie ont conscience en même temps, d'une accélération des évènements qui se déroulent sur la terre. Nous voyons que, selon l'Histoire, la nuée ne se déplaçait que de temps en temps, à plusieurs années, ou plusieurs décennies d'intervalle. Ainsi, ceux qui croyaient pouvaient observer comment Dieu opérait pour changer les situations. Mais aujourd'hui, les changements sont soudains, multiples et inattendus. Il nous arrive, par exemple, de dresser notre campement dans la pensée de rester quelque temps au même endroit mais, à peine sommes-nous installés, que la nuée se lève pour poursuivre sa route. Ce qui fait que, si nous ne voulons pas nous voir distancés, il nous faut très vite démonter les tentes et tout faire pour pouvoir rester sous sa trajectoire.

D'autre part, la nuée ne revient jamais en arrière. Lorsque Dieu nous élève à un nouveau degré dans la connaissance de la gloire, Il nous fait comprendre l'importance de ne jamais revenir au niveau précédent.

Apprenez à comprendre comment opère l'Esprit, que la nuée soit au-dessus de vous, qu'elle se tienne juste en dessous, ou encore qu'elle vous entoure de toutes parts. Mais, de toutes façons, si vous suivez le déplacement de la nuée, vous n'avez pas à vous inquiéter.

Père,
Elève-nous sur les hauteurs que nous ne connaissons pas encore. Que Ton Esprit soit notre instructeur. Que le ciel soit ouvert au-dessus de nous. Que Ta gloire soit avec nous, que nous puissions comprendre ce qu'est Ta nuée de gloire et comment vivre continuellement sous sa conduite.
Ôte de nos cœurs toute peur des changements puisque, nous le savons, le but vers lequel Tu nous conduis, c'est toujours la bénédiction. Alors, Père, nous voici décidés à Te suivre dans Tes sentiers nouveaux !
Au nom de Jésus. Amen !

CHAPITRE 11

TRANSPORTES PAR L'ESPRIT DANS LA GLOIRE

Après cela je regardai, et voici, une porte était ouverte dans le ciel. La première voix que j'avais entendue, comme le son d'une trompette, et qui me parlait, dit : Monte ici, et je te ferai voir ce qui doit arriver dans la suite. (Apocalypse $4^{1\text{-}2}$).

Au moment où Jean entendit le Seigneur l'appeler à monter plus haut, il se trouva "immédiatement… dans l'Esprit". L'apôtre fut transporté dans l'Esprit, expérience que nous sommes amenés à connaître, nous aussi, de plus en plus fréquemment aujourd'hui.

Jean, sur l'île de Patmos, regardait son environnement terrestre et, un instant plus tard, il se trouva "dans les cieux", contemplant "le Trône".

Il n'a pas eu à se déplacer lui-même en quelque lieu que ce soit. Il lui a suffi de s'abandonner à l'Esprit et l'Esprit l'a transporté. Le lieu de séjour que l'on attribue généralement à Jean, sur l'île de Patmos, n'avait rien de plaisant, c'était une simple grotte. Mais quand l'Esprit eut transporté l'apôtre, et que celui-ci eut ouvert les yeux, il ne se trouvait plus dans sa grotte : il était dans la présence de Dieu.

Ezéchiel avait fait une expérience similaire. Ecoutons-le :

***La main de l'Eternel fut sur moi et l'Eternel me transporta en esprit, et me déposa au milieu d'une vallée...* (Ezéchiel 37[1]).**

La main du Seigneur peut aussi venir sur nous, aujourd'hui, et nous "transporter" en Sa présence. Expérience merveilleuse, car Dieu Lui-même choisit l'itinéraire. Quand c'est nous qui choisissons, nous pouvons connaître la déception, mais quand le Seigneur choisit pour nous, nous ne sommes jamais déçus. Lorsque le Dieu Souverain nous transporte dans l'Esprit, nous ne savons pas avec certitude où nous allons. Jean, lui, fut amené directement au pied du trône et bientôt, il le contempla dans toute sa gloire. Il vit ce qui se trouvait en face, autour et derrière ce trône.

Dieu peut vous transporter dans un autre lieu et là, vous révéler Ses desseins pour susciter en votre cœur assez de foi pour croire à des vérités plus grandes, et vous enseigner des domaines de la connaissance que vous ignoriez jusque là. Il ne veut pas que nous restions enchaînés à la réalité terrestre. Nous n'avons pas été destinés à ce monde-là et, après que nous avons été saisis par l'Esprit, le Seigneur nous révèle, comme nous ne pourrions le connaître d'aucune autre manière, que nous sommes seulement des pèlerins sur cette terre et que notre être n'est pas naturel, mais spirituel.

Lorsque la gloire se manifeste, des gens ordinaires, comme vous et moi, sont soudainement transportés par l'Esprit et autorisés à voir des réalités que notre œil physique ne peut voir. Tout comme la vision naturelle, il existe une vision spirituelle. Selon certains, nous devrions nous faire une idée précise de ce que nous désirons que Dieu fasse pour nous, puis croire qu'Il va le réaliser. Je préfère pour ma part, laisser le Seigneur choisir à ma place. A Lui de me donner la vision, plutôt qu'à moi d'essayer de la Lui dicter. Je n'aurais jamais pu imaginer par moi-même des choses aussi glorieuses que celles qu'Il me révèle. Je n'aurais jamais pu, ne serait-ce que commencer à rêver de tout ce que le cœur du Seigneur a en réserve pour moi. Mes propres attentes sont si minimes en comparaison de ce qu'Il attend de moi.

Plongez votre pensée dans le courant de l'Esprit ! Que ce courant touche votre écoute ! Qu'il touche votre vision ! Qu'il touche votre raison et chaque secteur de votre vie ! Il n'y a jamais eu un jour de révélation comme aujourd'hui. Des gens ordinaires vont avoir la vision de réalités spirituelles auxquelles, dans le passé, seuls les grands serviteurs de Dieu avaient accès.

> ***Je vous le dis en vérité, beaucoup de prophètes et de justes ont désiré voir ce que vous voyez et ne l'ont pas vu, entendre ce que vous entendez et ne l'ont pas entendu.*** **(Matthieu 13[17]).**

> ***Par la bouche des enfants et de ceux qui sont à la mamelle, Tu as fondé Ta gloire, pour confondre Tes adversaires, pour imposer silence à l'ennemi et au vindicatif.*** **(Psaume 8[3]).**

Pour être transporté en esprit dans la gloire, vous devez d'abord apprendre à vous abandonner au Saint-Esprit. L'apôtre Paul écrit :

> ***Ne livrez pas vos membres au péché comme des instruments d'iniquité ; mais donnez-vous vous-mêmes à Dieu, comme étant vivants de morts que vous étiez, et offrez à Dieu vos membres comme des instruments de justice.*** **(Romains 6[13]).**

Tout réside dans cette soumission. Vous pouvez pénétrer dans le courant du fleuve aussi rapidement que vous le désirez. Si votre soif est assez grande, vous vous abandonnerez au Saint-Esprit. Il n'est pas nécessaire que cinq évangélistes de plus s'approchent pour vous aider avec douceur. Avancez dans la rivière et laissez-la vous porter ! Paul poursuit :

> ***Je parle à la manière des hommes à cause de la faiblesse de votre chair : de même donc que vous avez livré***

vos membres comme esclaves à l'impureté et à l'iniquité, pour arriver à l'iniquité, ainsi maintenant livrez vos membres comme esclaves à la justice pour arriver à la sainteté. (**Romains 6[19]**).

Nous en connaissons plus en matière de soumission que nous ne voulons bien l'admettre. Durant des années, nous avons été les instruments dociles du péché, de l'iniquité. Le principe de soumission est le même, mais c'est le but qui a changé maintenant ! Certains ont dansé "dans le monde" mais ils hésitent aujourd'hui à danser dans l'Esprit, de crainte de le faire dans la chair. Si vous avez pu vous soumettre à ce monde pécheur, vous pouvez également vous soumettre au monde de la sainteté.

S'approcher de Dieu est un acte saint ; et que vous approchiez de Lui en dansant, ou en élevant les mains, ou par quelque autre voie, peu importe : le fait même de vous abandonner au Seigneur est saint en soi. Soumettez-vous simplement à Lui et laissez-Le vous transporter en des lieux dont, autrement, vous n'auriez pu que rêver.

Nous avons tous à apprendre à livrer nos membres au Seigneur. En général, je n'attache pas d'importance au fait que les gens tombent ou non sous l'action de l'Esprit. Mais parfois je sens que ceux sur lesquels je pose la main résistent à la force du courant divin. La plupart du temps, je me borne à prier une deuxième fois pour eux, puis je me dirige vers d'autres. Quelquefois cependant, je me sens contrainte par le Saint-Esprit à leur venir en aide.

Certains se mettent à reculer, instinctivement, pour éviter de tomber. Je leur dis alors :

- *Ne bougez pas et abandonnez-vous à l'action de l'Esprit et, dès qu'ils sont tranquilles, ils se laissent tomber.*

D'autres attendent que le Saint-Esprit les projette au sol, je leur dis un peu la même chose :

- *Laissez-vous aller aussi simplement que vous le feriez dans les bras de votre père.*

Ou bien encore :

- *Laissez la rivière vous porter ; laissez-vous simplement flotter à sa surface.*

Quand ils font ainsi, ils se trouvent emportés par son courant. Savoir comment nous livrer à Dieu ne va pas toujours de soi. Nous avons à l'apprendre. Dieu peut opérer en nous comme le ferait un chirurgien, que nous soyons assis ou debout, mais souvent, pour nous révéler des enseignements nouveaux, l'Esprit nous conduit à tomber sur le sol. Pour connaître les voies nouvelles de Dieu, nous devons nous abandonner, détendus, au courant de Son fleuve, nous laisser porter par la gloire. Que votre être entier se détende et s'abandonne à Lui. Vous ignorez sans doute quelle œuvre Il accomplira dans l'avenir à travers vous, mais faites-Lui confiance et n'ayez aucune crainte.

Si vous êtes de ceux qui ont besoin de voir toute chose testée et approuvée encore et encore avant de l'essayer par eux-mêmes, vous pourrez vous retrouver sur les berges du fleuve à regarder les autres aller de l'avant. Ceux qui plongent simplement, sans attendre que tout leur soit prouvé, vous dépasseront rapidement, s'ils sont vraiment prêts à soumettre tout leur être à Dieu, à Le laisser intervenir selon Sa volonté, tandis que vous, vous restez assis sur le rivage, à discuter et argumenter : et le flot du réveil vous laissera derrière lui.

C'est simple pourtant : lorsque vous aurez parlé en langues une première fois, cela vous deviendra beaucoup plus facile. Vous saurez dès lors comment vous soumettre à cette action de l'Esprit. Lorsque vous aurez, une première fois, ri dans l'Esprit, cela vous deviendra aussi beaucoup plus facile. Vous savez désormais vous soumettre à l'Esprit dans ce domaine et vous pourrez recommencer maintes fois. Soumettez donc vos membres au Seigneur. Parfois ce sont vos mains que Dieu veut vous voir Lui abandonner, parfois vos pieds, parfois vos lèvres.

Maintenant, si vous ne jugez pas important de nager, vous n'essaierez jamais. Si vous estimez pouvoir vous en passer sans problème, vous ne ferez jamais l'effort nécessaire pour apprendre. C'est merveilleux de pouvoir admirer la rivière, mais elle est faite pour que chacun y nage et pas seulement pour être contemplée et décrite. C'est pourquoi, ne vous contentez pas d'en parler. Pénétrez dans ses eaux plus profondes et mettez-vous à nager. Beaucoup de ceux qui ont fait de belles prédications sur le fleuve d'eau vive n'ont pas pris le temps d'apprendre à y nager. Et vous, qu'attendez-vous pour le faire ? Dieu vous dit :

- *Viens au fleuve, plonge, car ce sont des eaux où l'on ne peut que nager.*

Pour ma part, je suis prête à nager et même à apprendre quelques nouveaux mouvements.

La joie nous donnera la force nécessaire pour progresser dans le courant. Les professionnels de la natation, qui veulent parcourir de longues distances, s'entraînent toujours plus, pour être capables d'affronter les compétitions les plus épuisantes. Mais pour nous, nous pourrons franchir des bras de mer, à cause de la joie de l'Eternel que l'Esprit crée en nous. Dieu nous donne de la force pour les longs parcours, en vue de tout ce à quoi nous aurons à faire face dans ces derniers jours.

Jésus, notre entraîneur, ne reste pas sur les berges à nous crier Ses instructions ; non, Il descend à nos côtés dans les profondeurs du courant, nous faisant signe, nous encourageant, renouvelant nos forces. Nous pouvons entendre Sa voix qui nous exhorte sans cesse : "*Avance encore ! va de l'avant, lance-toi dans les profondeurs !*" Il va devant nous. Il est notre instructeur et notre soutien dans toutes nos voies. Des multitudes de croyants, actuellement, entrent dans ces eaux profondes. Qu'ils ne vous laissent pas en arrière ! Avancez résolument.

Soyez audacieux, hardis, nagez de toutes vos forces ! Ne vous inquiétez pas de savoir ce qui vous arrivera dans les profondeurs des flots. Faites confiance à Dieu ! Nagez avec ardeur. Bondissez au milieu de ces courants.

L'été dernier, Ruthie Kendrick fit une série d'études photographiques, en noir et blanc, de nos réunions d'Ashland et de la gloire dont elles étaient visitées. Ruthie avait décidé qu'au lieu de voyager en Europe ou dans quelque autre endroit, elle emploierait son été à photographier le réveil. Tout d'abord, elle avait pensé se rendre à Pensacola, intéressée par l'œuvre que Dieu accomplissait. Ensuite, elle songea à divers autres centres où le réveil est en marche. Mais finalement, elle décida de rester ici, dans le district de Richmond, et de se documenter sur l'action du Seigneur dans sa propre cité.

Lorsque, un peu plus tard, la nouvelle bibliothèque de l'Ecole Sainte-Catherine, à Richmond, fut inaugurée en présence de nombreuses personnalités connues, la série des photographies prises par Ruthie à Ashland et consacrées à la Gloire y fut exposée. Sur les clichés, on pouvait voir la puissance de Dieu se déversant sur d'humbles fidèles réunis sous notre tabernacle. En voyant ces magnifiques photos, j'ai demandé à mon amie Carolyn Duncan si elle pourrait en publier un recueil. Elle accepta afin que les gens "du monde" puissent aussi s'en trouver bénis.

Quel bien précieux qu'un album de photographies du peuple de Dieu transporté par l'Esprit au milieu de la gloire !

Seigneur,
Je désire être transporté encore et encore dans le royaume céleste, oui, toujours à nouveau. Je veux être transporté auprès de Toi.
Au nom de Jésus. Amen ! Amen !

CHAPITRE 12

DANS LA GLOIRE : NOTRE PROVISION

Et mon Dieu pourvoira à tous vos besoins selon Sa richesse, avec gloire, en Jésus-Christ. (**Philippiens 4[19]**).

Lorsque nous ferons partie du peuple qui loue, qui se tient sous la nuée, nous verrons qu'il sera automatiquement pourvu à nos besoins. Certes, il ne s'agit pas de regarder le trône de Dieu comme un centre de requêtes. Et je n'ai aucune joie dans les services où les besoins des croyants occupent toute la place, car ils sont orientés vers l'homme plutôt que vers le ciel. Bien sûr, je n'ignore pas que les enfants de Dieu ont des besoins, mais je ne veux pas passer mon temps à évoquer des lacunes et des manques ; je ne veux pas non plus que mon ministère et ma prédication maintiennent le regard des gens fixé sur les problèmes. Il peut en effet nous arriver d'être complètement consumés par les soucis, la maladie, le manque d'argent, les problèmes émotionnels ... et que nous passions à côté des grandes choses que Dieu veut réaliser pour nous. Notre Dieu est grand et Il connaît nos besoins.

La nuée de la gloire divine contient des bénédictions en réserve exactement comme, dans la nature, les nuages prodiguent à la terre leurs réserves de pluie.

Comme la pluie et la neige descendent des cieux et n'y retournent pas sans avoir arrosé, fécondé la terre et fait germer les plantes, sans avoir donné de la semence au semeur et du pain à celui qui mange...

Cessez donc de regarder à ce qui est visible. Cessez de vous laisser accabler par le souci de votre budget, en essayant de voir comment vous allez vous en tirer. C'est une attitude d'incrédulité. Il y a des difficultés qu'on ne tient pas à examiner de trop près. Il suffit d'en avoir une vue d'ensemble. Il ne faut pas se laisser effrayer par les détails. Mais plutôt garder les yeux fixés sur les réalités célestes ; regarder au règne éternel, invisible de Dieu.

Certains n'osent pas suivre la nuée de la gloire parce qu'ils pensent qu'il n'y a là rien de substantiel ni de pratique. Comme ils se trompent ! Rien n'est plus substantiel que la nuée de la gloire de Dieu : elle pourvoit à tous nos besoins. C'est tellement vrai que, même sans aucun autre appui, vous pouvez partir de chez vous en vous fiant uniquement à son mouvement.

Ces dernières années, j'ai eu l'occasion de séjourner dans quelques-unes des plus splendides demeures du monde : de vrais châteaux. Dieu nous donne ce que Jésus avait promis :

***Quiconque aura quitté à cause de mon nom, ses frères, ou ses sœurs, ou son père, ou sa mère, ou sa femme, ou ses enfants, ou ses terres, ou ses maisons, recevra le centuple et héritera la vie éternelle.* (Matthieu 19[29]).**

Vous n'avez rien à craindre en suivant la colonne de nuée. Elle est tellement sûre que vous pouvez laisser derrière vous toute autre source de sécurité, et vous découvrez qu'elle vous suffit. Aussi longtemps que vous savez qu'elle est au-dessus de votre tête, que vous êtes prêt à vous lever lorsqu'elle se lève, comme à rester à la place où elle s'arrête, vous n'avez aucune inquiétude à vous faire au sujet de vos finances. Dieu accomplira en votre faveur ce qu'Il a décrété.

De nos jours, vous n'avez pas besoin de posséder des ressources personnelles pour être Son instrument. Placez-vous bien sous Sa nuée et Il se chargera du reste. Il n'est pas nécessaire non plus d'avoir un nom connu ; la seule condition, c'est de se tenir sous Sa nuée de gloire. Dieu a le pouvoir de vous amener au premier plan, dans des situations données, aussi facilement qu'Il le ferait pour quelqu'un d'autre. Il sait comment pourvoir à vos besoins, aussi aisément qu'à ceux de tous Ses serviteurs.

Il est stupéfiant de voir ce que Dieu fait pour les Siens actuellement. Il nous disait un jour : *"A un moment, une chose manquera, l'instant d'après, elle sera là"*. C'est exactement ce que nous expérimentons. A un certain moment, nous sommes sans rien, l'instant d'après, c'est l'abondance. Un jour, nous ne voyons aucune opportunité, peu après, les plus grandes nous sont offertes. Un moment, rien ne semble se passer et, soudain, il y a tellement d'ouvertures que nous ne savons pas comment profiter de toutes. Oh ! Placez-vous sous la nuée, car elle se met à avancer !

Si Dieu vous a montré dans l'Esprit une porte ouverte, vous n'en avez besoin d'aucune autre. Sa gloire sera suffisante. Et si vous insistiez pour obtenir une réalité plus "concrète", vous risqueriez de passer à côté de Sa volonté à votre égard. Alors, cessez de Lui demander une bénédiction plus "substantielle" ; demandez-Lui plutôt qu'Il vous rende davantage sensible à la nuée de Sa gloire. Demandez-Lui qu'Il vous la fasse voir, qu'Il vous donne de sentir sa présence et vous aide à bien suivre son mouvement. Que l'Esprit vous enseigne à reconnaître à coup sûr quand la gloire est là et quand elle est absente. Qu'Il vous rende clairement conscient des changements qui se produisent en ces temps-ci. Et qu'Il vous aide à vous lever dès que la nuée se lève. Demandez aussi à Dieu de vous apprendre comment faire descendre la gloire au milieu d'un rassemblement. Et si vous vous montrez fidèle dans tout ceci, vous n'aurez aucun souci à vous faire pour vos besoins financiers.

Un certain été, un couple vint de l'Inde à notre convention. Tous deux avaient projeté une tournée où ils pourraient collecter des fonds pour leur œuvre au pays. Mais le Seigneur leur dit de rester au milieu de nous, de demeurer dans la présence de la gloire et de recevoir encore plus de Lui. Pendant leur séjour, ils donnèrent à l'offrande les quatre cents derniers dollars qu'ils possédaient. Ce qui fait qu'à leur retour chez eux, ils ne rapportaient pas de grandes bénédictions matérielles, comme ils l'avaient calculé en venant aux USA, mais ils se trouvaient comblés de bénédictions spirituelles.

Puis, peu après, leur arriva une lettre de quelqu'un qu'ils ne connaissaient absolument pas, et qui contenait un chèque de vingt-quatre mille dollars ! Sous le choc, ils décidèrent d'appeler les expéditeurs du chèque pour les remercier et savoir ce qui avait motivé l'envoi d'une somme pareille. Où leurs bienfaiteurs avaient-ils eu connaissance de leurs nom et adresse ? Comment avaient-ils connu le besoin de leur ministère ?

Quand ils purent obtenir la communication, ces amis apprirent que le Seigneur avait Lui-même indiqué leur nom et leur adresse aux donateurs, dans la prière, et Il leur avait aussi dicté le montant exact à envoyer.

Vous voyez ! Vous ne serez jamais perdants, financièrement, en suivant la nuée et en demeurant sous sa protection.

Un sympathique pasteur vint s'asseoir à côté de moi, lors d'une réunion à Caddo Mills, au Texas. Il me dit avec un enthousiasme rafraîchissant :

- J'ai reçu la visite d'un ange, un messager du Seigneur ! Il m'a affirmé que Dieu avait choisi mon église parmi celles qui allaient vivre le réveil. Et moi, j'étais persuadé que c'était impossible, pour un tas d'importantes raisons dont je lui ai dressé la liste :

- Pour commencer, lui dis-je, *mon sanctuaire est bien trop petit. Nous n'avons que cent places, au maximum cent cinquante.*

- Nous pourrons nous occuper de ce problème, répondit l'ange. Le Père désire que toutes les églises, les grandes comme les petites, connaissent le réveil.

- *Bon,* lui ai-je répondu, *mais le réveil ne peut pas arriver dans la mienne parce que je n'ai personne pour m'aider.*

Alors l'ange me rappela que quatre nouveaux croyants venaient juste de se joindre à nous, et il dit :

- *Chacun de ceux-ci sera capable de t'aider lors du réveil.*

- *Tant mieux,* acquiesçai-je. *Mais je restais convaincu que c'était impossible puisque l'église n'avait pas d'argent.*

- *Nous pourrons remédier à cela aussi,* reprit l'ange encore une fois. *J'avançai enfin l'objection que le parking n'était pas assez grand pour accueillir des foules. Mais l'ange ne sembla pas y voir un problème. Il me dit de me rendre à l'église tous les jours et de prier pendant une heure et demi, en plus de mon temps habituel de prière. Et aussi, d'inviter mes anciens à se joindre à moi, toutefois, sans insister s'ils ne le désiraient pas.*

J'ai donc commencé à venir prier chaque jour une heure et demi dans l'église et, l'un après l'autre, les membres de mon équipe suivirent mon exemple. En peu de temps, le réveil se mit à éclater dans nos réunions. Puis, bientôt, les responsables d'une église qui fermait ses portes appelèrent ce pasteur pour lui dire qu'ils avaient une certaine somme d'argent qu'ils désiraient lui remettre. Il s'agissait de trente mille dollars, avec lesquels il construisit un parking autour du sanctuaire. Ces mêmes responsables lui dirent ensuite qu'ils avaient huit instruments de musique qu'ils seraient heureux de lui offrir. Après quoi, ayant reçu des offrandes supplémentaires, le pasteur acheta deux cents cinquante chaises pliantes, moins encombrantes que les bancs qu'il avait. Avec ces chaises, le sanctuaire doubla presque sa capacité d'accueil.

Tous ces évènements s'étaient produits en l'espace de quelques semaines seulement. Et le pasteur ajouta pour finir :

- *Maintenant, sœur Ruth, je suis devant un sérieux problème. J'ai conduit mes fidèles aussi loin que j'en étais capable. Que dois-je faire à présent ?*

- *Frère,* lui répondis-je, *quelqu'un qui a reçu une visitation d'ange n'a pas besoin que je lui dise comment faire.*

Et puis je suis devenue terre à terre en lui suggérant d'acheter mon livre "**Glory**". Je lui ai expliqué que sa lecture aiderait ses fidèles à entrer dans une plus grande dimension de la gloire.

Cette simple histoire, montrant comment Dieu pourvoit merveilleusement, m'a tellement enthousiasmée que je l'ai racontée une quantité de fois dans mes messages. Elle est un exemple typique de la façon dont Dieu agit partout dans le monde. Nous n'avons absolument pas à nous inquiéter du nécessaire, du moment où nous nous plaçons sous la nuée de la gloire du Seigneur !

Dieu avait établi Son plan pourpourvoir à mes besoins personnels, comme à ceux du ministère, lorsque j'étais encore très jeune. En effet, à l'âge de quinze ans, je Lui avais fait la promesse que, s'Il pourvoyait à mes besoins, je ne me préoccuperais jamais de chercher un emploi, ni de recevoir un salaire.

Je travaillais à Hong-Kong, où la mission me versait cinquante dollars par mois, quand soudain une porte s'ouvrit pour un ministère en Inde. Dans ce vaste pays, un grand nombre de leaders de l'Eglise invitent des évangélistes américains. Seulement, ils attendent de ceux-ci qu'ils arrivent avec des milliers de dollars afin de couvrir eux-mêmes les frais de leurs croisades. C'est ainsi que certains de mes amis avaient passé plusieurs mois à récolter des fonds en Amérique pour mener à bien une seule croisade en Inde. Mais je ne voulais pas m'y prendre de cette manière.

J'étais certaine qu'il devait se trouver là-bas des hommes de Dieu qui priaient afin qu'Il leur envoie des prédicateurs pour les grands rassemblements qu'ils désiraient organiser. Alors j'ai demandé au Seigneur de m'envoyer comme une réponse à de telles prières, en me mettant en contact avec Ses serviteurs de façon surnaturelle. Et c'est exactement ce qu'Il fit.

Il me conduisit vers le pasteur P.M.Philip à Kottayam, Kerala, qui était un des plus grands évangélistes indiens. Cet homme se trouvait régulièrement invité comme orateur principal des plus larges conventions du pays. Quelqu'un m'amena à sa conférence annuelle, qui se déroulait à l'Hôtel de ville de Kottayam. Après m'avoir entendu témoigner, il m'invita à rester pour parler à la réunion du soir. J'avais environ vingt et un ans à l'époque. Et le privilège me fut donné de partager l'estrade avec cet homme, six mois par an, pendant quatre années de suite. J'ai prêché la Parole avec lui, et parfois seule, devant des milliers de personnes, lors de ses grandes campagnes : entre autres à leur fameuse convention nationale pentecôtistes.

Jamais ce temps de ministère en Inde ne me coûta le moindre dollar. Je partageais avec les frères indiens les offrandes que Dieu m'accordait, mais je n'avais pas sur les épaules le lourd fardeau de récolter les sommes énormes que représentaient les rencontres. C'est Dieu qui pourvoyait à tous les besoins et, en même temps, Il me montrait Son plan pour la suite de ma vie, et je L'ai vu sans cesse renouveler Sa miraculeuse provision.

J'ai appris pendant toutes ces années à compter sur Lui pour mes besoins quotidiens. Or, qu'il se soit agi de petites sommes ou de grands miracles, j'ai bénéficié jour après jour de cette provision surnaturelle. J'ai été aussi reconnaissante pour un simple dollar que pour une centaine de billets. Tout venait de la fidélité de Dieu et de celle de Ses enfants.

Deux semaines avant le départ de mon frère pour le ciel, je prêchais avec mon amie Ruth Carneal dans une église de Lincolnton, en Georgie (dont Renée Smith est membre). Ruth adressait des paroles de connaissance à plusieurs personnes de l'assemblée, quand elle se tourna vers moi et me dit :

- Je viens de vous voir en vision portant deux grands sacs contenant des offrandes. Dieu est sur le point d'augmenter les offrandes spontanées qui vous seront données.

Comme j'avais toute ma vie exercé le ministère sur la base de ces offrandes, ce ne fut qu'après la mort de mon frère que je réalisai la signification de ce message : dans Sa bonté, Dieu me faisait savoir que l'argent nécessaire serait assuré pour faire face aux nouveaux défis qui allaient se présenter sur ma route.

Marchez selon l'Esprit et Dieu pourvoira pour vous comme Il le fait pour moi. *Il* est *tout* ce qu'il nous faut !

Seigneur,
Tu es tout ce dont nous avons besoin, pour le corps, pour l'âme et pour l'esprit. En Toi se trouve toute la réponse à nos besoins. Aide-nous à vivre dans la réalité des richesses de Ta gloire.
Au nom de Jésus. Amen !

CHAPITRE 13

DANS LA GLOIRE LE REPOS

Tel fut l'ordre d'après lequel les enfants d'Israël se mirent en marche selon leurs corps d'armée ; et c'est ainsi qu'ils partirent. Moïse dit à Hobab, fils de Réuel, le Madianite, beau-père de Moïse : Nous partons pour le lieu dont l'Éternel a dit : Je vous le donnerai. Viens avec nous, et nous te ferons du bien, car l'Eternel a promis de faire du bien à Israël. **(Nombres 10[28-29])**.

Ils partirent de la montagne de l'Eternel, et marchèrent trois jours ; l'arche de l'alliance de l'Eternel partit devant eux, et fit une marche de trois jours, pour leur chercher un lieu de repos. La nuée de l'Eternel était au-dessus d'eux pendant le jour, lorsqu'ils partaient du camp. Quand l'arche partait, Moïse disait : Lève-toi, Eternel ! et que tes ennemis soient dispersés ! que ceux qui te haïssent fuient devant ta face ! Et quand on la posait, il disait : Reviens, Eternel, aux myriades des milliers d'Israël ! **(Nombres 10[33-36])**.

Je suis convaincue que Dieu désire nous amener jusqu'à un degré de gloire où nous connaîtrons Son repos. Il veut nous voir libres de toute bataille et de tout conflit intérieur. Il a en réserve pour nous un lieu de repos, de parfaite confiance, et c'est dans la gloire qu'il se laissera trouver.

Nous ne pourrions jamais y parvenir seuls, mais Dieu marche devant nous et le cherche pour nous. Nous pouvons alors nous installer près de Sa rivière et nous reposer, sachant que Lui-même pourvoira à tous nos besoins.

Il se peut fort bien que nous arrivions au culte chargés des détresses de la vie, mais qu'après quelques instants passés dans Sa gloire, nous nous trouvions reposés, comme si nous venions de jouir d'un mois de vacances. Et nous réalisons tout à coup que «***la paix de Dieu surpasse toute compréhension***». Nous n'avons pas eu à nous allonger sur le divan d'un psychiatre, ni à passer des heures auprès de conseillers de l'église. Dans l'atmosphère de la gloire, nous découvrons que le Seigneur marche devant nous pour nous chercher un lieu et nous y introduire ; et là nous trouvons du repos pour nos âmes.

Toutefois, ce n'est pas seulement dans le domaine de l'esprit que le Seigneur marche devant nous pour nous trouver ce lieu de repos. Car si nous marchons dans l'Esprit, nous prenons conscience qu'Il s'occupe de tout ce qui fait notre vie. Plus besoin d'établir des plans détaillés pour notre ministère. Dieu le fait pour nous, par Son Esprit. Plaçons-nous à l'écoute de la révélation et Il parlera ; et nous saurons que ce que dit l'Esprit est la réponse que nous attendions.

Un de mes principaux soucis concernant mon retour au ministère en Amérique, c'était de ne pas perdre cette dépendance à l'égard de Dieu que nous avions apprise au cours de tant d'années de voyages missionnaires : je songeais à toutes ces occasions où nous étions partis à travers le monde sur des révélations. La plupart des Américains sont trop organisés, s'appuyant sur des programmes bien établis pour leurs lendemains. Mais pour ma part, je désire continuer à être conduite pas à pas par l'Esprit de Dieu.

Au mois d'avril, juste avant de prendre la parole à Brownsville lors de la Convention pastorale, je fus appelée au téléphone par un frère, du nom de Bachelor, qui me dit :

- *J'ai déjà annoncé à mon église que je vous ramènerais avec moi après la convention !*

- *Où habitez-vous ?* Lui demandai-je.

- *En Alabama, à environ deux heures de route de Pensacola*, répondit-il.

- *Et qu'attendez-vous de moi exactement ?* lui demandai-je encore.

Et sur la réponse qu'il me fit, je décidais de l'accompagner. Nous avons eu une réunion le vendredi soir, un repas en commun le samedi midi avec quelques autres pasteurs du voisinage, puis les réunions du samedi soir et du dimanche.

Or dans la matinée du samedi, je me suis soudain souvenue que je n'avais pas appelé chez moi pour dire à mes équipiers où je me trouvais ! J'ai donc passé un rapide coup de fil au Camp pour donner le numéro du motel où je logeais.

Après le déjeuner, j'ai trouvé un message d'un certain Jerry Stuart. Lorsque je l'ai rappelé, il m'a dit:

- *Ruth, je suis pasteur et j'ai lu votre livre il y a quelques semaines. Il m'a tellement interpellé que j'ai organisé des réunions dans mon église tous les soirs, depuis une quinzaine de jours. J'apprécierais tellement si vous pouviez trouver le temps de venir nous rendre visite.*

Quand je lui demandai où il résidait, il me répondit :

- *A Stockbridge, au Sud d'Atlanta.*

Cette adresse me parut très intéressante, car j'avais le désir d'assister à une soirée de la croisade de Benny Hinn, qui se tenait justement à Atlanta le jeudi soir. J'avais fait le projet d'aller voir quelques amis à Dallas en début de semaine puisque je serais tout près ; mais le temps m'avait manqué pour les avertir et je n'avais pas encore pris mon billet d'avion. Si bien qu'étant libre, je répondis au pasteur Stuart :

- *Si vous le désirez, je pourrai être parmi vous lundi, mardi et mercredi.*

A quoi il répondit :

- C'est exactement la réponse que Dieu m'avait dit que vous donneriez !

Je ne sais qui était le plus heureux de nous deux : était-ce lui parce que j'allais venir, ou moi parce que le Seigneur guidait tous mes pas ? Nous étions dans la joie de voir comment Il avait tout arrangé et avec une telle facilité ! Nous avons passé des moments merveilleux avec Jerry Stuart, son épouse et les membres de leur église ; ensuite nous sommes allés ensemble à la croisade de Benny Hinn.

Le jour où elle commençait, je reçus à midi un appel d'un pasteur de Macon, en Georgie. Deux sœurs de son assemblée avaient assisté aux réunions de Stockbridge et il voulait m'inviter dans son église. Au cours de la conversation, je lui ai demandé s'il pensait venir aux réunions de Benny Hinn, qui débutaient le soir même. Il ne l'avait pas prévu, mais je me permis de souligner combien il était important de bénéficier de l'onction collective répandue sur vingt mille croyants venus pour louer et adorer ensemble.

Dans une telle onction sur le Corps de Christ, les guérisons et les miracles surviennent si aisément ! J'aime cet enthousiasme pour Jésus qui se manifeste spontanément dans de tels rassemblements. L'atmosphère alors se trouve chargée de la présence de Dieu.

Quelques instants plus tard, le pasteur de Macon décida d'y venir. Sa femme prépara sa valise et les intercesseurs de son église se mirent à prier pendant qu'il s'engageait pour le trajet de 5 heures qui le séparait d'Atlanta. Et les trois soirées qui suivirent bouleversèrent complètement sa vie.

A l'automne 96, j'ai été invitée pour parler à la convention des femmes, dans une église des Assemblées de Dieu, à Fargo, Nord Dakota. Or, le matin du dernier jour, pendant que je m'avançais vers le pupitre, le Seigneur me dit qu'Il était "***assis au-dessus des flots***". Je ne compris pas bien le sens de ces mots.

Mon associée, Ruth Carneal, avait pris la parole juste avant moi disant que le vieux refrain «*Red River Valley*» lui revenait sans cesse à l'esprit. L'instant d'après, l'organisatrice de la Convention, lui expliqua :

- *Nous sommes précisément ici dans la «Red River Valley» (Vallée de la Rivière Rouge).*

Or, nous ignorions ce fait. Et je fus tellement saisie par ce que le Seigneur venait de me dire («assis au-dessus des flots») que mes yeux se remplirent de larmes. Cherchant rapidement l'endroit où la Bible contient cette expression, je la trouvai au **Psaume 29**[10] :

> ***L'Eternel était assis sur Son trône lors du déluge ; l'Eternel, sur Son trône règne éternellement.***

Au mois d'avril qui suivit, nous devions être les oratrices d'une conférence sur la Louange, l'Adoration et la Gloire dans la même église ; elle était prévue pour la veille de la terrible inondation qui ravagea la région. Arrivées le soir précédent, nous avons passé la nuit dans un petit hôtel. Le lendemain matin, le pasteur vint nous avertir qu'il était obligé d'annuler la réunion à cause de la dangereuse montée des eaux. Toutefois, je sentais dans mon cœur que je ne pouvais pas quitter la ville sans être allée jusque chez lui prier pour la protection de sa maison.

- *L'eau n'est plus qu'à une dizaine de mètres de notre porte,* me dit-il, *mais un des frères va vous y amener.*

Lorsque je remontai dans ma chambre pour transmettre l'information aux sœurs qui nous avaient accompagnées, celles-ci me dirent que j'avais reçu un coup de fil venant d'une dame habitant la partie Nord du Minnesota. Je la rappelai aussitôt :

- *Nous avions projeté de venir à cette conférence,* me dit-elle, *mais à l'écoute des informations, nous avons su qu'une inondation menaçait Fargo et, si je comprends bien, la réunion est supprimée. Est-ce qu'à la place, vous pourriez envisager de venir dans une petite ville du Minnesota ?*

- *Où est-ce exactement ?* Lui demandai-je.

- A Milaca. Je n'ai pas eu le temps d'en parler au pasteur mais je crois qu'il serait heureux de vous recevoir, si vous êtes d'accord pour venir. Et si la réunion ne peut se faire à l'église, nous trouverons un autre endroit.

Il nous fallait donc trouver un vol pour Minneapolis, arrivant assez tôt pour que nous soyons le soir à Milaca. Je répondis à cette dame que nous allions faire tout notre possible. Puis, bouclant nos valises pour être prêtes à partir nous avons pris les renseignements et l'avons rappelée pour lui donner notre heure d'arrivée et notre numéro de vol.

Ensuite nous nous sommes rendues chez le pasteur pour unir notre foi à la sienne en comptant sur un miracle de la part de Dieu. Il y avait là plusieurs jeunes empilant des sacs de sable tout autour de la maison. L'eau n'était plus, en effet, qu'à une dizaine de mètres. C'était en vue de ces circonstances que Dieu m'avait dit qu'Il était ***«assis au-dessus des flots»***.

J'ai donc commencé à chanter dans l'Esprit et à parler à la rivière en crue. Et quand nous sommes reparties, ce jour-là, j'avais l'assurance intérieure que l'habitation du pasteur ne serait pas recouverte par l'inondation. Et un peu plus tard, l'épouse du pasteur nous a téléphoné pour nous dire que la leur avait été la seule de toute cette zone à ne pas avoir subi de dommages importants. Dieu leur avait accordé un grand miracle !

Nous sommes donc arrivées ce fameux soir à l'aéroport de Minneapolis, où la sœur de Milaca nous attendait et nous a conduites directement à son église où se tenait la réunion. Parmi les assistants, quelques-uns étaient venus du Dakota, où la rencontre de Fargo avait été annulée. Ils avaient conduit près de dix heures pour arriver à Milaca.

J'ai trouvé intéressant le détail que voici : le pasteur de cette église avait un assistant, John, qui lui avait dit quelques jours plus tôt : «*Un jour, Sœur Ruth viendra ici, dans notre église*». Il avait trouvé la chose fort improbable et pourtant, maintenant, nous étions là ! John estimait que le Seigneur lui avait fait un grand honneur en le lui montrant à l'avance.

Ainsi l'annulation des réunions prévues à Fargo, m'avait amenée dans leur église. Plus encore, un des soirs où nous y étions, je parlais de la Malaisie où j'étais allée l'année précédente en juin et où j'allais retourner au mois de juin suivant. En prononçant ces paroles, j'ai eu le sentiment que le pasteur de Milaca était aussi appelé à aller servir le Seigneur en Malaisie, à Malacca (or les deux villes se prononcent de la même manière). Par la suite, il suivit la direction de Dieu et ce voyage lui fit découvrir un aspect entièrement nouveau de son appel.

Tout ceci pour vous encourager à ne plus élaborer des plans compliqués pour votre ministère mais à laisser, au contraire, Dieu s'en occuper. Il veut l'excellence pour votre vie, et non seulement sur le plan spirituel, mais aussi sur le plan naturel. Car Il nous a appelés à "**une gloire excellente**".

> ***Et sous ce rapport, ce qui a été glorieux ne l'a pas été à cause de cette gloire qui lui est supérieure (qui excelle)*** **(2 Corinthiens 3^{10})**.

Dans la gloire, vous pouvez exceller même en ce qui concerne la marche quotidienne de vos affaires. Dieu veut que vous réussissiez dans les activités de votre vie. En fait, Il veut vous voir exceller pour l'honneur de Son nom. Que les autres sachent qu'il en est ainsi parce que Lui-même marche devant vous pour chercher pour vous un lieu d'excellence.

Certains parmi nous s'inquiètent lorsque tout se déroule trop vite et trop facilement. Nous pensions qu'il fallait atteindre notre but à force de nombreux combats et d'efforts difficiles. Alors si Dieu nous le fait atteindre avec aisance, nous ne sommes pas tranquilles. Et même lorsqu'Il place la personne dont nous avons besoin juste sur notre chemin, nous nous demandons s'il n'y a pas un piège quelque part !

Supposons qu'il vous faille trouver un plombier, par exemple. Vous pouvez chercher dans les pages jaunes en espérant tomber sur quelqu'un d'honnête et de capable. Ou alors, vous pouvez laisser le Seigneur placer la bonne personne à côté de vous dans le bus et l'amener à vous adresser la parole. Ne soyez pas étonné si cet inconnu vous dit : «Je suis plombier». Dieu va devant vous et vous prépare le chemin.

Ne pouvons-nous pas faire confiance à l'Esprit de Dieu ? Sommes-nous incapables de comprendre qu'Il s'occupe de tous les détails de notre vie ? Ne voyons-nous pas Sa main aplanir le chemin devant nous en supprimant toutes sortes de problèmes difficiles ? Entrons dans une vie d'excellence qui sera toute à Son honneur par l'aisance où opère la gloire.

C'est une confiance de cette qualité qui remplit mon cœur pour les jours qui viennent et je suis persuadée que, pour nous qui désirons voir un plein accomplissement de ce que Dieu projette pour notre vie, tout arrivera sans que nous ayons à nous agiter de tous côtés. Des changements considérables vont se produire, mais je n'en suis pas angoissée. Je refuse toute anxiété, parce que *Dieu est de mon côté*. Alors que je me tiens en Sa présence, Il cherche mon lieu de repos, et tandis que je médite sur tout ce qui Le concerne, Il agit en ma faveur.

C'est pourquoi je suis déterminée à ne pas me hâter de quitter la présence du Seigneur comme quelques-uns le font. Nos réunions quelquefois atteignent une profondeur de gloire qui augmente avec le temps qui s'écoule et, au moment où Dieu se met à distribuer Ses plus précieux trésors, quelques personnes viennent juste de partir. Pour moi, je veux attendre dans Sa présence jusqu'à ce qu'Il ait décidé Lui-même de mon avenir.

La gloire de Dieu nous couvre. Il veille sur tous les aspects de notre vie quotidienne et nous amène à un épanouissement plus grand que nous n'aurions pu l'imaginer. J'aime savoir que Dieu cherche et sonde tout. Il sait bien ce qu'Il fait. Quand je Le considère, Il est tellement vaste et tellement grand que je ne saurais pas quel sujet Lui présenter en premier. Par où commencer ?

Grâces Lui soient rendues parce qu'Il connaît plus que ABC. Il connaît aussi XYZ ! Alors si je laisse Son Esprit sonder les recoins secrets de ma vie, et si je prends le temps de m'asseoir à Son ombre, pour permettre que son fruit soit doux à mon palais, je ne serai jamais déçue.

Jacob ignorait comment atteindre les chemins de Dieu pour sa vie, mais quand il posa sa tête sur cette pierre qui lui servit d'oreiller, soudain, au-dessus de lui, une échelle apparut entre la Terre et le Ciel, et il vit les anges de Dieu qui montaient et descendaient. Je désire vivre une telle expérience de façon renouvelée. Je souhaite, en me couchant le soir, voir le ciel ouvert au-dessus de ma tête !

Je sais que nous vivons dans un monde naturel ; et la plupart des gens voudraient nous voir préoccupés sans cesse des choses de la terre. Pourtant, si nous refusons de nous laisser absorber par les circonstances de la vie pour, au contraire, nous concentrer sur les réalités célestes, l'une après l'autre les questions terrestres prennent leur place selon l'ordre de Dieu. Je veux ainsi que chaque pas de ma marche sur cette terre soit ordonné par Lui ; que chaque rencontre que j'organise soit dirigée par Lui, ainsi que chaque personne avec qui j'ai affaire.

Dieu s'active à mettre également votre vie en ordre et, si vous cherchez à demeurer sous Sa nuée de gloire, vous ne ferez aucun faux pas. Toute personne croisant votre chemin fera partie de Son plan parfait, en vue de votre excellence : pour votre cité, votre pays, votre famille et votre ministère.

Votre ministère ne devrait pas être le terrain d'un combat incessant. Dieu veut S'en charger et le conduire à l'excellence dans Sa gloire. *Sa gloire, c'est le repos, et Son repos c'est la gloire.*

Dans le domaine naturel, il y a très peu de repos pour ceux qui sont engagés dans l'œuvre du réveil. Tant d'événements surviennent, et si rapidement ! Les portes ouvertes, les invitations, les opportunités sont multiples. Et cela ne fera qu'augmenter. Alors le seul repos que nous allons connaître dans ces temps de la fin sera celui que nous puiserons dans la gloire du Seigneur. Et si nous ne sommes pas couverts par Sa gloire, nous n'aurons aucun moment de repos.

Il a tellement à nous dire, tellement à nous enseigner ! Il aspire à si bien nous instruire par Son Esprit que les hommes diront, reconnaissant Son œuvre en nous : "*Ceux-ci ont été instruits par le Seigneur*". Il veut maintenant que deviennent claires des réponses que nous avons si longtemps cherché à connaitre, et qu'elles nous viennent simplement, sans pénibles efforts. Car Dieu veut satisfaire la soif profonde qui nous habite.

Notre Père Céleste,

Enlève de nos vies toute agitation. Que Ta nuée de gloire avance ; et aide-nous à avancer avec elle. Marche Toi-même devant nous et cherche-nous un lieu de repos, dans notre service, selon Tes plans divins dans tous les domaines. Nous nous accordons avec Ta volonté reconnaissant Ton autorité absolue pour tracer le plan de notre vie dans tous ses détails. Nous Te suivrons et nous tiendrons sous la nuée de Ta gloire.

Apprends-nous ce que nous avons besoin de comprendre par Ton Esprit pour que notre vie devienne excellente.

Au nom de Jésus, amen !

CHAPITRE 14

ECARTER CE QUI FAIT OBSTACLE A LA GLOIRE

N'attristez pas le Saint-Esprit de Dieu, par lequel vous êtes scellés pour le jour de la rédemption ! (**Ephésiens 4**[30]).

N'éteignez pas l'Esprit ! (**1 Thessaloniciens 5**[19]).

Nous avons parlé plus haut d'un couple de croyants indiens à qui Dieu avait accordé un grand miracle financier. L'été qui suivit, le mari revint à Ashland et, lors de ce second séjour, il commença à recevoir de magnifiques révélations et à les partager. Il lui arrivait souvent, par exemple, à divers moments des réunions d'apercevoir des anges occupés à de saintes activités ; ou bien, il voyait des étincelles de feu montant d'une personne en train de louer le Seigneur - ou encore la nuée de la gloire couvrant l'assemblée en pleine adoration.

Je me suis alors adressée à ce frère et lui ai demandé :
- Seriez-vous d'accord de me rendre un service ? Voilà : j'apprends de plus en plus comment répondre quand la gloire vient, comment la faire descendre et aussi comment en favoriser l'intensité. J'ai découvert quelques éléments qui ne la servaient pas, et ceux-là nous les abandonnons. Ce que j'aimerais que vous fassiez, lorsque Dieu vous montre des visions, ce serait que vous notiez ce que je suis en train

de dire, ce que je fais, ou ce qui se passe dans la réunion, au moment d'une manifestation de la gloire ou d'une visitation d'anges. De cette façon, il me sera possible de revoir le déroulement du service et de découvrir plus précisément ce qui opère en notre faveur, ainsi que ce qu'il faut éviter de dire ou de faire, dans l'exercice du ministère.

Il eut l'amabilité d'accepter et tint pour nous, tout l'été, un petit «carnet de gloire». Et nous en avons retiré de précieux enseignements.

J'ai vu par exemple qu'en disant des paroles qui n'apportent rien, nous faisions diminuer la gloire. En découvrant ce fait dans les notes, cela nous a permis de ne plus tenir ce genre de propos. A l'inverse, des étincelles avaient jailli dans toutes les directions lorsque nous disions telle ou telle parole. Et là nous pouvions choisir de les prononcer de plus en plus.

Un des obstacles au flot de la gloire de Dieu au milieu de nous est notre refus de nous aimer les uns les autres comme Jésus nous a aimés. Il m'arrivait, par exemple, de me sentir particulièrement frustrée par l'attitude de certains, mais le Saint-Esprit me murmurait : "*C'est une personne pour laquelle Christ est mort*". En entendant ces mots, mon cœur a été touché car, quelles que soient mes pensées, si le Seigneur était mort pour cette personne, qui étais-je pour parler, et même élever ma voix contre elle ? Qui étais-je pour me sentir frustrée et même exaspérée par elle ? Pour me dire qu'il n'y avait rien à en espérer ?... Il me faut pardonner et même vivre dans un flot continuel de pardon.

Il y a une telle force dans le pardon qu'à l'instant où j'ai réalisé que Christ était mort pour cette personne, je me suis aperçue que j'avais oublié ce qui avait causé ma frustration. Pardonner gardera votre esprit sain et vous gardera dans l'onction.

Un pasteur venu du Pakistan dit un jour à mon frère :

- *Ne croyez pas tous les pasteurs qui viennent de mon pays et qui affirment qu'ils ont prêché à des multitudes. En géné-*

ral ce n'est pas exact. Personnellement, c'est seulement après que je me suis appliqué à veiller attentivement sur ce que j'entendais et sur ce que je disais que cela me fut donné. Car l'attention que j'ai accordée à ces deux domaines produisit un flot tout nouveau de miracles sur ma vie et c'est seulement ensuite que j'ai commencé à prêcher devant des multitudes.

Notre sœur Barbara Lanzdorf a eu une vision, récemment, où elle voyait des pasteurs en train de prêcher. Mais d'un côté de leur bouche sortait un flot de sauterelles qui dévoraient la moisson. Critique, amertume, médisance et dispute dévoreront la moisson que votre foi attend.

Cependant un attouchement de la gloire de Dieu attendrit le cœur le plus dur. Il fait "***descendre les montagnes au milieu de la mer***". Permettez que même les plus petites collines soient enlevées de votre esprit. Car même lorsque la gloire agit, l'ombre d'une pensée négative, que vous n'auriez pas dû accueillir, peut l'empêcher de vous toucher. Chassez cette pensée et que l'Esprit de Dieu vous revête d'humilité. Au bout d'un certain temps, nous avons pu définir quelques-unes des causes qui s'opposent le plus à la présence de la gloire au milieu de nous. Les voici :

* Le désir de plaire aux hommes.
* La crainte de paraître trop simple, trop primaire.
* L'incapacité à considérer toute notre connaissance comme des balayures, selon l'expression de Paul.
* Le désir au contraire, d'impressionner les autres par notre culture, nos talents, nos capacités et ce que nous sommes.
* L'incapacité à laisser de côté ce que nous avons appris alors que Dieu essaie de nous introduire dans de nouvelles dimensions.
* L'incapacité ou le refus d'ignorer la tradition.
* Le refus de pardonner aux autres.

Il est évident que Dieu veut nous donner à chacun une sensibilité plus grande à l'égard de ces imperfections. Si nous parvenons à mieux connaître la nuée, que l'assistance soit de cinq ou cinquante, ou même de cinq mille ou cinquante mille personnes, nous saurons nous tenir sous la nuée et exercer le ministère directement de la gloire vers le peuple. Voilà ce que sera la gloire du réveil.

Il nous faudra fort probablement laisser derrière nous quelques-unes des habitudes du passé pour en acquérir de nouvelles, mais le Seigneur nous aidera et nous instruira.

Lorsque vous découvrez des éléments qui contribuent à augmenter la gloire, cultivez-les ; et lorsque vous en découvrez qui la diminuent, mettez-y un terme. C'est aussi simple que cela !

Il s'est introduit une forme de sévérité dans le mouvement de Pentecôte, une approche qui est généralement acceptée et qui ressemble à l'attitude du prophète qui voulait voir "***tomber le feu du Ciel***". Mais le problème, c'est que ceux qui adoptent ce style de prière appellent le feu sur les enfants de Dieu, et pas sur les faux prophètes. Ils oublient que Jésus est le plus parfait exemple de prophète et qu'Il a fait preuve d'un esprit de douceur. Alors, chacun de nous, n'hésitons pas à entrer dans la douceur de la gloire.

On pourra nous reprocher d'opérer toujours un peu de la même manière mais, si celle-ci attire la gloire, eh bien, continuons sans nous laisser troubler. Chantons les mélodies que nous connaissons jusqu'à ce que Dieu nous en apprenne de nouvelles.

Que votre voix aussi chante les deux notes que vous connaissez jusqu'à ce qu'Il vous donne les notes trois, quatre et cinq. D'un côté faire tout ce qu'il faut pour pouvoir atteindre ce qui est éternel. Et de l'autre, abandonnez joyeusement tout ce qui, à votre connaissance, éteint l'Esprit du Seigneur, attriste Son cœur et fait s'éloigner la nuée. Nous pourrons alors monter plus haut, vers la gloire plus grande qu'Il a prévue pour nous. J'ai découvert que le chant dans l'Esprit est un des moyens les plus faciles pour atteindre la gloire et y demeurer.

Seigneur,
Ôte de nos cœurs ce qui nous sépare de la gloire et ajoute en nous ce qui l'accroit.
Pour l'amour de Ton nom, amen !

CHAPITRE 15

LA SIMPLICITE DE LA GLOIRE

Alors il reprit et me dit : C'est ici la parole que l'Eternel adresse à Zorobabel : Ce n'est ni par la puissance ni par la force, mais c'est par mon esprit, dit l'Eternel des armées. **(Zacharie 4[16])**.

La vision donnée à Zacharie était compliquée, mais le message que Dieu lui adressait était simple ; et il est valable pour toutes les générations.

J'ai découvert que Dieu nous ramène continuellement à cette vérité et ne cesse de nous la rappeler. Il s'agit de l'un des versets les plus fréquemment cités, dans les groupes de croyants remplis de l'Esprit. Nous le connaissons et le répétons souvent. Pourtant, la complexité de l'existence rend nécessaire son fréquent rappel. Nous ajoutons tant de surcharge à notre vie qu'Il tient à ce que nous sachions, toujours à nouveau, qu'il n'est rien que nous puissions faire pour obtenir la victoire. La victoire ne vient que par ce qu'Il accomplit, en nous et par nous. Lors de sa première édition, la plupart des chants contenus dans "**la Gloire**" y figuraient écrits à la main. Plusieurs trouvèrent alors que cela donnait au livre un aspect un peu artisanal, qui n'incitait pas à le prendre au sérieux. Puis en le lisant, ils s'apercevaient qu'il contenait des réponses qu'ils avaient longtemps cherchées.

D'autres m'ont dit qu'ils se l'étaient procuré, mais ne l'avaient pas lu. Puis, comme ils ne cessaient de demander au Seigneur la réponse au besoin du réveil, Il leur dit qu'Il la leur avait déjà apportée et qu'ils devaient simplement lire ce livre.

Dans les parutions suivantes, les chants ont été inscrits sous une forme plus professionnelle ; mais je pense que la grande simplicité de la première édition avait un but : nous pouvons chercher à apporter à notre travail tellement de talent, de professionnalisme, de perfectionnisme que nous oublions de nous relaxer et de laisser Dieu œuvrer par Son Esprit. Même en ce qui concerne la prédication de la Parole, il peut nous arriver d'avoir amassé tellement de connaissances que nous semblons incapables de les laisser de côté pour permettre à Dieu de travailler par la simplicité de l'Esprit, qui est tellement plus profonde !

Mon ami David Duplessis, le grand apôtre venu d'Afrique du Sud en Amérique, et ensuite dans le monde entier, ne cessait de confondre des théologiens et des grands cerveaux de toutes les dénominations par son immense simplicité. Nos capacités, nos connaissances, ainsi que nos expériences nous limitent et nous empêchent de recevoir ce qui est plus élevé de la part de Dieu : nous sommes devenus trop compliqués !

Dites-moi quelle est la chorale qui se contenterait de ce chant des anges : SAINT ! SAINT ! SAINT !... et quel responsable de chorale lui accorderait ce choix ?

Pour la plupart des chants du livre, lorsqu'ils nous ont été donnés par l'Esprit, à Jérusalem, nous n'avions pas de musiciens qualifiés pour leur composition ; mais cette limitation a été un avantage. Parce que si nous avions été plus entraînés, nous aurions peut-être rejeté la simplicité des petits chœurs dès le début.

Or, en tout, la simplicité est importante. C'est la raison pour laquelle Dieu est continuellement obligé de susciter de nouveaux mouvements. Car lorsqu'un mouvement devient trop sophistiqué et trop poli pour pouvoir encore se mouvoir dans le flot des nouvelles révélations données, Dieu est obligé de laisser ce premier «mouvement» en arrière, pour entraîner son peuple plus loin. Oui, il est possible d'être TROP organisé ! Or chaque fois que nous arrivons au point où notre dépendance à l'égard du Saint-Esprit se fixe des limites, Il se déplace ailleurs.

Dans bien des milieux, les prédicateurs sont capables de prêcher, que le Saint-Esprit soit présent ou pas, et ils s'en passent la plupart du temps. Alors à la fin du service, tous pourront affirmer : «*Quel beau sermon !*», mais bien peu diront : «*Quelle gloire ! Avec quelle fraîcheur l'Esprit de Dieu a touché les cœurs !*»

Je préfère voir quelqu'un parler et agir par l'Esprit même s'il semble d'apparence modeste. Quand je l'observe en train d'écouter le Seigneur avant de poursuivre son message, je sais que ce qu'il dit vient d'En-Haut.

Il existe des exceptions bien sûr. Quelques serviteurs très instruits gardent la qualité d'un cœur d'enfant dans leur relation avec Dieu. Monseigneur Walsh, de Wynnewood en Pennsylvanie en est un parfait exemple. D'autres, au contraire, jugent sur l'apparence et ont vite fait de dire : «*Ce message, donné par un orateur qui hésite et qui bégaie ne peut pas venir de Dieu !*» Pour moi cependant, bégaiement et hésitations sont souvent la preuve que les paroles données viennent de Dieu.

D'ailleurs, le jour de la Pentecôte, le Saint-Esprit a démontré qu'Il aimait œuvrer au moyen d'hommes imparfaits, comme Pierre qui, quelques jours plus tôt, avait renié Jésus. Il l'a choisi pour être en bénédiction à la multitude rassemblée. C'est que l'expérience de la Chambre Haute venait de transformer la vie du disciple pour toujours. Alors 3 000 âmes s'ajoutèrent à l'Eglise ce jour-là… et 5 000 de plus peu après. Oh ! Nous pouvons faire confiance au Saint-Esprit : ce qu'Il fait sera bien fait !

Regardons ce texte pris dans **Zacharie 4[1]** :

L'ange qui parlait avec moi revint, et il me réveilla comme un homme que l'on réveille de son sommeil.

Il est écrit que l'ange réveilla le prophète qui, pourtant, était apparemment déjà réveillé ! Il précise qu'il se trouvait à cet instant "***comme un homme que l'on réveille de son sommeil***". Il était éveillé, mais l'ange le réveilla. J'en connais beaucoup qui lui ressemblent. Ils semblent éveillés, mais ils ont pourtant grand besoin d'être réveillés dans l'Esprit. Dans ce courant actuel, Dieu veut nous voir pleinement réveillés.

Paroles de l'ange à Zacharie :

1) ***Il me dit : Que vois-tu ? Je répondis : Je regarde, et voici, il y a un chandelier tout d'or, surmonté d'un vase et portant sept lampes, avec sept conduits pour les lampes qui sont au sommet du chandelier ; et il y a près de lui deux oliviers, l'un à la droite du vase, et l'autre à sa gauche. Et reprenant la parole, je dis à l'ange qui parlait avec moi : Que signifient ces choses, mon seigneur ? L'ange qui parlait avec moi me répondit : Ne sais-tu pas ce que signifient ces choses ? Je dis : Non, mon seigneur. Alors il reprit et me dit : C'est ici la parole que l'Eternel adresse à Zorobabel : Ce n'est ni par la puissance ni par la force, mais c'est par mon esprit, dit l'Eternel des armées.*** **(Zacharie 4[2-6])**.

2) ***Qui es-tu, grande montagne, devant Zorobabel ? Tu seras aplanie. Il posera la pierre principale au milieu des acclamations : Grâce, grâce pour elle ! La parole de l'Eternel me fut adressée, en ces mots : Les mains de Zorobabel ont fondé cette maison, et ses mains l'achèveront; et tu sauras que l'Eternel des armées m'a envoyé vers vous. Car ceux qui méprisaient le jour des faibles commencements se réjouiront en voyant le niveau dans la main de Zorobabel. Ces sept sont les yeux de l'Eternel, qui parcourent toute la terre. Je pris la parole et je lui dis : Que signifient ces deux oliviers, à la droite du chandelier et à sa gauche ? Je pris une seconde fois la parole, et je lui dis : Que signifient les deux rameaux d'olivier, qui sont près des deux***

conduits d'or d'où découle l'or ? Il me répondit : Ne sais-tu pas ce qu'ils signifient ? Je dis : Non, mon seigneur. Et il dit : Ce sont les deux oints qui se tiennent devant le Seigneur de toute la terre. (**Zacharie 4**$^{7-14}$).

Zorobabel reçut de Dieu la promesse que les mains qui avaient posé le fondement de la maison seraient les mêmes que celles qui l'achèveraient. Dieu mène à bien ce qu'Il commence. Si donc Il vous a accordé d'entreprendre une tâche, Il vous donnera aussi l'onction pour la terminer. La même onction qui était nécessaire pour la débuter suffira pour l'achever. C'est ce que dit **Hébreux 12**^{2} :

Regardant à Jésus, l'auteur de notre foi et Celui qui l'amène jusqu'au bout. (NdT - Adaptation de l'anglais).

Si vous avez déjà besoin de quelques miracles pour accomplir ce qui vous est confié en ce moment, ceux-ci vous resteront nécessaires jusqu'à ce que le travail soit fini.

Le grand chandelier d'or de la vision de Zacharie possédait sa propre source d'huile : les deux oliviers se tenant à droite et à gauche du vase et des sept conduits qui transmettaient l'huile étaient appelés "fils de l'huile", c'est-à-dire ceux qui la possédaient en eux-mêmes. Comme le chandelier, ayons notre propre source d'huile ! N'ayez jamais honte de l'onction. Vous pouvez arriver à un endroit sans rien d'autre, mais ne vous rendez nulle part sans l'onction ! Si vous perdez votre valise, vous pourrez vivre sans elle, mais n'essayez pas de vivre sans l'onction.

Je voyage tellement qu'en une certaine occasion, mes bagages ont été égarés plusieurs fois dans la même semaine. Je ne condamne jamais les compagnies aériennes, car Dieu tient ma vie sous Son contrôle et Il Lui arrive d'avoir une ou deux petites leçons à m'enseigner. Entre autres, Il désire que Ses enfants apprennent à ne pas être dépendants de ce qu'ils transportent dans leurs valises. Un certain été, il m'a fallu acheter une nouvelle Bible, puis une autre quelques semaines plus tard, car j'allais arriver à l'endroit où je devais prêcher sans même en avoir une pour faire la lecture. Une autre fois, j'avais vécu de telles péripéties que je n'avais ni le temps, ni la possibilité de m'en procurer une neuve, si bien que j'ai dû prêcher en puisant dans ma réserve intérieure de trésors. Et j'ai découvert qu'ils étaient suffisants pour satisfaire la soif de ceux qui attendaient mes paroles. Car c'étaient des richesses que Dieu avait investies dans ma vie.

Ainsi le soir, en me couchant, j'entends Sa parole résonner dans mon âme et, à mon réveil, elle est encore là, fraîche et nouvelle pour le jour qui commence. Le trésor de Dieu habite en moi. Quand vous découvrez suffisamment de trésors au-dedans de vous, vous n'êtes plus dépendants du contenu d'une valise.

Une autre leçon qu'il m'a fallu apprendre : si nous venons d'être informés d'une tragédie touchant notre vie personnelle, au moment où nous approchons d'un lieu de réunion pour servir les autres, personne ne devrait pouvoir le remarquer. Ce qu'il faut que chacun ressente, c'est la présence du trésor en nous.

Comme je le disais dans "**La Gloire**", nous avons souvent des services d'adoration trop compliqués et le résultat peut être regrettable. Lorsque les chants ne sont pas assez simples, il est impossible que tous entrent ensemble dans une louange qui jaillit du cœur. Personnellement, dans de tels services, je me sens frustrée ; s'il n'y a aucun moment où je puisse me plonger avec les autres dans une adoration collective, je suis privée de la principale raison de ma venue au culte. Je viens dans la Maison de Dieu pour Le rencontrer, pour toucher Sa gloire, et rien de moindre ne me satisfait. Or, précisément, Dieu se sert de la louange et de l'adoration en commun pour faire descendre la gloire ; aussi, lorsque les fidèles n'ont pas le privilège d'élever leurs voix tous ensemble pour adorer, ils retournent chez eux privés d'une importante bénédiction. Ce n'est pas juste que les cantiques, ou bien leurs mélodies, soient trop difficiles pour que tous puissent entrer dans le courant du Saint-Esprit où la louange nous entraîne.

J'assistais dernièrement à un culte où celui qui dirigeait semblait tenir, avant tout, à ce que tout le monde sache combien il connaissait de nouveaux chants. Je me dis que sans doute les jeunes arriveraient à le suivre. Mais, moi qui en connais des milliers, pas un de ceux-là ne m'était familier. J'ai regardé autour de moi, me demandant s'il s'agissait d'un problème de génération... mais aucun des jeunes ne savait ces chants. L'assemblée comptait plusieurs centaines de personnes, mais seulement quelques-unes joignaient leur voix aux musiciens. Alors, j'ai fini par me lever et je lui ai dit à l'oreille : "*Chantez-en un ou deux que tout le monde connaisse, pour que nous puissions avoir la joie de louer le Seigneur ensemble !*"

Permettez-moi encore une petite remarque : c'est très bien que ceux qui conduisent la louange chantent et adorent le Seigneur les yeux fermés mais, d'un autre côté, ils doivent penser à les ouvrir de temps en temps, pour s'assurer que les autres les suivent. Sinon, ils doivent rapidement passer à un cantique plus connu. Car l'essentiel, c'est ce flot commun de l'assemblée se réjouissant dans la bonté du Seigneur.

Et puis, sachons encore que notre consécration n'est jamais définitivement acquise. Il nous en faut autant pour vivre jour après jour dans la gloire qu'il nous en a fallu pour chercher à la connaître. En voici une illustration : un soir de convention, où Ruth Carneal dirigeait les chants, le Saint-Esprit lui inspira une mélodie nouvelle et singulière, en lui disant que ceux qui la chanteraient avec elle seraient libérés d'un lourd fardeau de tristesse. Mais l'air ressemblait davantage à un roulement de tambour qu'à de la vraie musique. Alors elle se dit: "Je ne me livre pas, comme certains le font, à ce genre de sons bizarres." Pourtant le Saint-Esprit insistait tellement qu'elle les laissa sortir de ses lèvres : "*Boum, boum, ba, ba, boum, boum !*"

A sa grande surprise, toute l'assistance se joignit à elle. Et le lendemain, un frère venu d'Ouganda s'approcha et lui dit :

- *Hier, j'ai appris le décès de ma mère, au pays. J'ai passé toute la journée dans une profonde tristesse, non seulement de n'être pas auprès d'elle, mais en plus de ne pouvoir assister à son ensevelissement. Mais le soir, lorsque vous avez entonné votre chant de tambour africain et que je me suis mis à vous suivre, Dieu m'a instantanément libéré de mon chagrin. Il m'a totalement délivré, non seulement de la tristesse, mais de tout ce qui pesait sur mon cœur. Alors gardons, dans tout ce que nous faisons, la simplicité de la gloire et permettons à Dieu d'être DIEU dans notre vie !*

Seigneur,
Aide-nous à rester simples devant Toi, dépendant toujours de Toi et de Toi seul !
Au nom de Jésus, amen !

CHAPITRE 16

LAISSER COULER LE FLOT DE LA GLOIRE

Celui qui croit en moi, des fleuves d'eau vive couleront de son sein, comme dit l'Ecriture. Il dit cela de l'Esprit que devaient recevoir ceux qui croiraient en lui ; car l'Esprit n'était pas encore, parce que Jésus n'avait pas encore été glorifié. **(Jean 7[38-39])**.

Apprenez à tellement vous relaxer dans la présence de Dieu, que vous puissiez vous trouver emporté par le courant de Sa rivière. Vous n'avez pas le pouvoir de libérer le courant, mais Dieu, oui ; alors, laissez-Le faire ! Laissez le Seigneur vous placer dans une position où vous serez à l'aise. Vous ne pourriez pas porter Sa rivière, mais elle peut vous porter. Laissez de plus en plus l'Esprit vous transporter. Qu'Il vous introduise dans la plénitude du jour nouveau qui est là ! C'est Lui qui fera l'œuvre, à condition que vous Lui en laissiez la liberté.

Lorsque nous étions enfants, nous jouions à colin-maillard ; on nous mettait un bandeau sur les yeux et on nous faisait faire deux ou trois tours sur nous-mêmes ; puis le jeu consistait à retrouver la bonne direction. C'est un peu la méthode que Dieu doit utiliser avec certains d'entre nous. Il doit nous faire faire quelques tours sur nous-mêmes, jusqu'à ce que nous perdions notre sens de l'orientation et que nous soyons disposés à nous abandonner entre Ses bras, et à nous laisser emporter là où Il le veut. Cela semble un comble d'avoir à perdre le sens de l'orientation pour parvenir à trouver le chemin ; cependant, il en est pour qui Dieu n'a pas d'autre choix.

Car si nous n'apprenons pas à voguer sur les eaux nouvelles, nous resterons à un niveau de foi élémentaire. Or, il n'est pas difficile d'avoir une vision ; il n'est pas difficile de voir Jésus. Tout ce qu'il faut, c'est apprendre à s'abandonner à l'Esprit. C'est de Lui que viennent les visions, quand nous cessons de batailler pour en recevoir et que nous nous relaxons et nous laissons porter par le courant de la gloire du ciel.

Je ne vois pas de terme plus approprié pour ce temps-ci, comme mot-clé, que l'expression "Flow" (en français, "le flot, le courant et également l'action de couler, comme coule une rivière"). Entrer dans le courant, c'est le secret qui nous permet de recevoir tout ce que Dieu a de meilleur pour nous, à cette heure. Entrez et laissez-vous entraîner dans le courant de Dieu(1). Dans chaque réunion où nous nous appliquons à cet abandon, l'onction vient avec plus de puissance. Tandis que là où il n'y a qu'une succession d'élans et de retenues, nous ne pouvons pas atteindre les mêmes hauteurs de gloire.

La louange est importante, l'adoration est importante, mais si vous n'entrez pas dans le courant de l'Esprit pendant que vous louez et adorez, la gloire ne viendra pas.

Or, couler avec la rivière n'exige pas de grandes capacités. Cessez seulement de lui résister, et elle vous portera. Détendez-vous, laissez Dieu agir à Sa manière, et Il fera Son œuvre. Oubliez vos raisonnements et votre grande sagesse ! Poussez de côté tout ce qui vous a arrêtés jusqu'ici, et vous vous trouverez entraînés dans le courant de l'Esprit. Là où le fleuve coule, il apporte avec lui révélation, vision, miracles, guérison, délivrance et victoire.

(1) "Get in the flow and flow with God."

Lorsque nous commençons à le laisser nous emporter, nous n'avons peut-être pas idée du lieu où il va nous conduire. Si c'est important, le Seigneur nous le dira mais, généralement, nous n'avons pas besoin de le savoir. Car, pendant que nous sommes portés par Son courant, Dieu dépose dans notre esprit une vision, qui nous prépare pour le lieu où le fleuve nous emmène. Ce sera peut-être vers une seule personne, ou bien une église ; ou ce sera vers une ville, une région, ou même un pays... L'Esprit peut encore vous transporter dans les lieux célestes !

Il vous demandera quelquefois d'ignorer votre liste de prière bien ordonnée, pour pouvoir suivre le flot de la gloire. Alors, ne vous inquiétez pas : Dieu mettra dans votre esprit Ses propres pensées et ramènera à votre mémoire les sujets dont vous devez Lui parler ; d'ailleurs si, à ce moment-là, il s'en trouve quelques-unes qu'Il ne vous rappelle pas, c'est que vous pouvez les oublier. Il sait exactement ce qui est important à chaque instant précis.

Il arrive que Dieu me fasse souvenir de personnes que je n'ai pas vues depuis plusieurs années. Il ne s'est passé aucun incident qui aurait servi à me les rappeler, à me faire penser à elles, ni à me mettre sur le cœur un fardeau pour elles ; pourtant, Dieu dépose leurs noms dans mon esprit pendant que le fleuve me porte. Ou encore, Il me les fait voir : des gens que j'ai rencontrés à une certaine période de ma vie, et dont j'ai oublié les noms depuis longtemps ; Il me montre leur visage et, si c'est important, Il me redonne aussi leur nom. Ces détails viennent dans le courant.

Nous sommes dans le fleuve et le fleuve est en nous. Nous nous tenons dedans et il coule au travers de nous. "**Laisser couler le fleuve**" (il s'agit d'un petit chœur "**Let the River flow!**") c'est là tout le message du réveil. "Laisser" signifie permettre, ne pas empêcher. Cessez de l'entraver ; laissez le fleuve opérer. Cela veut dire encore : ne pas l'esquiver. Laissez donc la rivière couler où elle veut et entrez vous-même au milieu de son courant.

Que tous les barrages sautent ! Que la rivière accomplisse ce pourquoi elle a été envoyée. Ôtez tout ce qui lui fait obstacle.

La plupart des croyants ne feraient jamais rien, consciemment, qui éteigne l'Esprit ; mais, d'un autre côté, beaucoup ne sont souvent pas d'accord de laisser couler le fleuve. Cessez d'éteindre, de freiner l'œuvre de l'Esprit ; et cessez également de l'éviter pour vous-même. Dieu a des plans précis, cessez de L'en frustrer. C'est de bénédiction qu'Il désire inonder votre âme ! Pourquoi donc n'avez-vous pas confiance en Lui ? Son fleuve a un unique dessein, c'est d'apporter la vie, comme le déclare Ezéchiel :

Et tout vivra, partout où parviendra le torrent (**Ezéchiel 47**[9]).

Chaque fois que Jésus employait l'image de l'eau, c'était pour parler de vie. Cette eau est VIE. C'est un fleuve de vie :

Que celui qui veut prenne de l'eau de la vie, gratuitement. (**Apocalypse 22**[17]).

Là où passe le fleuve, rien ne peut demeurer dans la mort ; tout, au contraire, reçoit vie sur son parcours. Plus nous le laisserons nous traverser, moins il subsistera de mort en nous. Nous nous apercevons tous, en effet que, de temps en temps, un petit élément de mort se glisse dans notre cœur, dans une plus ou moins grande mesure. Mais Dieu veut nous en laver, nous en débarrasser ; et c'est le courant du fleuve d'eau vive qui l'emportera. Oh ! Que nous soyons tellement touchés par cette rivière que tous ceux que nous toucherons reçoivent la vie ! Que toute circonstance dans laquelle nous interviendrons soit changée par la vie ! La rivière nous gardera jeunes et enthousiastes, pleins de santé et de force. Là où elle a libre cours, elle s'exprime par des langues nouvelles. Chaque fois que nous parlons en langues, nous avons part à la rivière, nous la laissons couler par nos lèvres. Dieu a choisi de la faire jaillir de nous. Par nos louanges et notre adoration, nous lui donnons l'occasion de couler.

David dit au **Psaume 30**[13] :

Afin que ma gloire Te chante et ne garde pas le silence. Eternel, mon Dieu, je T'offrirai toujours des actions de grâce. (NdT - version anglaise)

David appelle sa voix "ma gloire". Il montre ainsi que la gloire de Dieu saisit notre langue et l'utilise pour Son service. Laissez donc Sa rivière couler du fond de votre être intérieur, par vos lèvres.

Dieu est à la recherche de tels canaux. Car lorsque quelqu'un se livre au Saint-Esprit, Lui offrant une voix, Il peut accomplir des merveilles au milieu des hommes. L'apôtre Jean entendit la voix de tous ceux qui se trouvaient rassemblés devant le Trône de Dieu et il en décrivit le son comme "***Le bruit de grandes eaux***". Il est évident, par ces mots, que les voix étaient liées au fleuve d'eau vive. Qu'il en soit ainsi de la mienne, Seigneur !

Ezéchiel aussi identifie les voix des croyants à ce son céleste. Et, même si vous ne chantez pas juste, cette résonance signifie que vous êtes en contact avec le fleuve et qu'il peut couler par vous.

Récemment, un homme m'a appelée d'Atlanta pour savoir quels seraient les week-ends où je serais à Ashland. En parlant avec lui, je reconnaissais dans sa voix le son de la gloire, le contact avec le fleuve. Pourtant je ne le connaissais absolument pas et nous ne parlions même pas de questions spirituelles, mais simplement de calendrier.

Cependant ce que j'entendais sur cette ligne téléphonique me permettait d'en savoir beaucoup sur mon interlocuteur. J'appris par la suite qu'il avait été missionnaire en Russie et en Bulgarie. Mais je savais déjà que cet homme avait touché la gloire.

Un autre de mes amis porte le son de la gloire sur sa voix : c'est Marcus Lamb, qui possède le Canal 29 à Dallas, le Canal 32 à Macon en Georgie et le Canal 41 à Denver. Ruth Carneal également, une de mes associées dans le ministère pastoral a, sur son chant, le son de la gloire. Le temps vient où l'Epouse de Christ dans son ensemble possédera une telle voix, vibrante de gloire comme "***le bruit de grandes eaux***" (**Apocalypse 19⁶**) !

La rivière, en effet, ne se contente pas de nous accompagner partout où nous nous trouvons, jour après jour, mais elle demeure en nous si bien que, lorsque nous parlons, Son accent se reconnaît dans notre voix.

Voyons **Ezéchiel 1**[24] :

> ***J'entendis le bruit de leurs ailes, quand ils marchaient, pareil au bruit de grosses eaux, ou à la voix du Tout-Puissant...***

Le prophète entendait le bruit des ailes des êtres vivants "***pareil au bruit de grosses eaux ou à la voix du Tout-Puissant***". La phrase qui décrit ici la voix de Dieu est semblable à celle qui décrit la voix de l'Epouse dans **Apocalypse 19**. Ainsi, que nous donnions une parole prophétique, ou une parole de connaissance, ou que nous demandions simplement la direction de Dieu, nos lèvres expriment le son de la gloire du Seigneur. Laissons couler le fleuve !

Entrez vous-même dans ce mouvement de l'Esprit. L'ennemi fera tout ce qui est en son pouvoir pour essayer de vous paralyser, en sorte que l'Esprit n'ait pas la liberté d'agir en vous. Mais si vous résistez à toutes ses tentatives, vous serez victorieux. Résistez-lui, dans le nom de Jésus ! Dites-lui :

- *Je suis déterminé à ce que l'Esprit de Dieu m'utilise comme Il veut. Tu ne peux pas me retenir !*

L'une des raisons pour lesquelles Dieu permet qu'un si grand nombre d'entre nous tombent sur le sol sous la force de l'onction d'hommes et de femmes de foi, c'est qu'Il veut nous voir prêts et disposés à nous livrer au Saint-Esprit à tout moment. Car, même en étant engagés dans le service de Dieu, nous pouvons devenir des habitués, et oublier comment Le laisser travailler. Vous me demanderez :

- *Sœur Ruth, sommes-nous obligés de tomber par terre ?*

Non, mais Dieu libère assez de puissance pour que vous tombiez. Alors, si vous restez debout, c'est peut-être que vous ne vous abandonnez pas complètement à Son Esprit au moment où un de Ses serviteurs vous impose les mains. Pendant des années, je ne priais que rarement de façon individuelle pour ceux qui assistaient à mes réunions. Je m'appliquais davantage à les conduire tous ensemble devant le Trône de Dieu, où se trouvent toutes les réponses. Mais je reconnais l'imposition des mains et les manifestations qui l'accompagnent comme des signes donnés par Dieu, en ce jour, comme des démonstrations de Sa puissance, qui ne surviennent pas par la volonté de l'homme, mais par l'action du Saint-Esprit. Dieu nous apprend de plus en plus comment nous abandonner à Lui. Les chants que nous chantons sur le fleuve d'eau vive et sur son courant, ne sont pas les mêmes qu'il y a vingt ans. Car chaque réveil met l'accent sur un de ses aspects ; mais c'est le même fleuve qui coule au milieu de nous. Puisons dans sa dimension céleste, afin qu'il vienne couler en nous, et puisse ensuite couler de notre sein, pour les autres. Que le fleuve coule ! C'est le mot-clé des réveils. Quelle que soit sa force, si vous ne le laissez pas couler, ses eaux deviendront mortes et toute bénédiction s'arrêtera. Or, votre existence n'a pas besoin d'une autre Mer Morte ; vous avez besoin du fleuve de vie et il faut lui laisser libre cours.

Il y a d'ailleurs, en relation avec le courant, un autre mot-clé que nous devons retenir : la spontanéité. Dieu nous demande de Le laisser œuvrer de manière spontanée au milieu de nous.

Lorsque nous commençons juste à exercer les dons surnaturels de l'Esprit, dans le domaine prophétique, Il nous laisse procéder de la façon qui nous est la plus facile ; mais, plus tard, Il ne nous le permet plus, parce que Ses dons doivent s'exprimer dans la spontanéité.

Au début de notre ministère à Jérusalem, lorsque nous avons commencé à célébrer nos cultes d'adoration dans l'église de Saint-Pierre en Gallican, notre groupe qui comprenait vingt-cinq jeunes, prit l'habitude de se réunir chaque fois trente minutes avant l'heure, pour un moment de louanges.

Pour les habitants de la ville, comme pour les touristes, c'était trop tôt de venir à dix-neuf heures. Mais l'église où nous étions était louée de dix-neuf heures à vingt et une heures, et nous désirions profiter de cette demi-heure d'avance pour chercher la face du Seigneur. Tous ceux qui le désiraient pouvaient se joindre à nous ; mais, pour rien au monde, nous n'aurions manqué ce temps privilégié de communion avec Lui.

Une de nos sœurs, Janet Saunders qui, par la suite, a vécu et travaillé avec nous plusieurs années à Jérusalem, avait un magnifique don de prophétie. Chaque soir, pendant cette première demi-heure de louange, Dieu lui accordait un début de vision ou de révélation ; puis, au cours de la réunion, entre dix-neuf heures trente et vingt et une heures, elle se levait pour transmettre le message prophétique. Elle exprimait alors, de façon plus développée, ce que l'Esprit lui avait montré au début. Ce qu'elle avait entrevu pour commencer lui donnait le courage de se lever plus tard pour laisser pleinement couler le fleuve. Cependant, au bout de quelques mois, je lui ai dit ceci :

- A partir de maintenant, n'essayez plus de connaître d'avance la pensée de l'Esprit, comme un avant-goût de ce qu'Il vous donnera à dire au cours du service. Je veux qu'au moment où vous vous lèverez pour prophétiser, ce soit sans la moindre pensée préconçue. Car chacun des dons spirituels devrait être, comme le parler en langues, entièrement spontané.

Dieu est en train de former en nous Son excellence. Ce n'est pas seulement que la crème monte sur le dessus du lait, mais c'est une qualité de crème qui produira du beurre. Ce fut, longtemps, tout ce qui était mauvais en nous qui remontait à la surface et qu'il fallait écoper ; mais il est maintenant temps que le bon paraisse et que l'excellence de l'Esprit prédomine.

Beaucoup d'entre nous ont déjà une certaine expérience des dons spirituels, mais la volonté de Dieu c'est que nous les exercions avec une plus entière spontanéité. Car les merveilles qu'Il va accomplir à notre époque ne demanderont pas la moindre pensée planifiée de notre part. Le vent de l'Esprit soufflera et nous devrons réagir sur le champ, sans nous être préparés d'aucune manière, si ce n'est en demeurant dans l'Esprit.

Certes, Dieu peut nous inspirer une phrase entière de ce qu'Il veut dire par notre bouche, afin que nous ayons le courage de la prononcer et de donner le message qui suivra. Mais lorsque c'est le cas, la chair peut s'en mêler, chercher la meilleure tournure de phrase pour exprimer ce qu'Il nous donne. Or, Dieu ne parle pas de la même manière que nous. Quand le flot prophétique coule spontanément, il nous arrive souvent de ne plus même savoir ce que nous avons dit, ni pourquoi nous l'avons dit.

Dans notre église de Richmond, il y a quelques mois, au culte du Ddimanche soir, survint un merveilleux flot prophétique. J'ai alors murmuré à l'oreille de celui qui avait la charge du service qu'il ne fasse rien pour l'arrêter. Vous savez, les pasteurs ont entre leurs mains l'autorité pour canaliser le courant de la rivière, soit pour l'arrêter, soit pour le favoriser. Quand nous avons des visiteurs de passage, nous nous faisons une obligation de leur laisser un maximum de temps ; mais ce soir-là, sans aucune contrainte à respecter, le flot de l'Esprit s'écoulait avec une telle beauté, que j'en garde le souvenir d'une des plus merveilleuses veillées de ma vie. Je voyais le fleuve de Dieu couler par les lèvres de mes frères et sœurs et je compris que sa source, sur la terre, était la bouche des croyants. Les uns après les autres, des gens tout simples s'avançaient pour décrire ce que Dieu leur montrait, ce qu'Il leur donnait, ce qu'Il leur disait. De merveilleuses révélations s'exprimaientt librement. Certains voyaient l'arc en ciel de la gloire sortant de la bouche de ceux qui étaient au milieu du fleuve. Je vis les sept lampes ardentes qui brûlent devant le trône : elles venaient aussi de la bouche des croyants se tenant dans la rivière. Tous les aspects possibles, sous lesquels Dieu aime Se faire connaître, nous étaient ainsi dévoilés par les paroles de révélation qu'Il accordait aux uns et aux autres.

Tout ce que Dieu est se trouve dans le fleuve. Il est le fleuve. Le fleuve d'eau vive est une des formes par lesquelles Il se manifeste. Ainsi, lorsque la rivière bouillonne au fond de notre être, c'est Dieu qui remue les profondeurs de notre âme. Et la révélation jaillissant de nos lèvres, c'est Sa voix qui nous parle et qui parle par nous.

Le terme "eau vive" signifie "eau courante". Les croyants juifs ne se feraient jamais baptiser dans une eau qui ne serait pas "*chai*" = vivante - c'est à dire courante. De même, dans notre propre expérience, nous devons toujours recevoir et donner : le courant doit pouvoir entrer en nous et s'écouler de nous.

Jésus est l'eau vive qui doit passer par le canal que nous sommes. Avec le courant de la rivière vient la révélation de Dieu. Dans le domaine naturel, un jeune enfant n'est peut-être pas capable de décrire ce qu'il voit de façon aussi développée qu'un adulte ; et quelqu'un qui est poète l'exprimera mieux que les autres. Mais, dans la rivière, la capacité à décrire ce que nos yeux voient, vient simplement de notre aptitude à nous abandonner à Dieu. Ce n'est ni notre grande expérience, ni notre degré d'instruction qui nous en rendent capables. Ouvrons seulement la bouche et laissons couler le fleuve. C'est Dieu qui agit en nous et, par notre canal, dévoile Ses merveilles. Un soir où je me trouvais à Dallas, après avoir assuré une émission télévisée, je fus invitée dans une famille. Là, on me demanda de prier pour un frère et de le bénir. En posant la main sur lui, j'ai su que c'était un homme intègre. Ensuite, il s'est passé quelque chose qui ne m'était encore jamais arrivé : j'ai senti de grandes vagues du fleuve d'eau vive monter et descendre le long de son dos, bien qu'il ne fît aucun mouvement. Et, en ouvrant les yeux quelques instants plus tard, j'ai vu que ce frère était complètement changé. Le principal impact de l'eau vive se produit toujours sur l'esprit, mais il peut arriver que le corps en ressente aussi les effets.

Oh, je vous en conjure, laissez couler le fleuve ! Laissez Dieu vous changer, vous aussi !

Seigneur,
Donne-nous de nous fondre dans Ton flot puissant.
Donne-nous de connaître la même aisance que le courant d'une rivière.
Au nom de Jésus. Amen !

CHAPITRE 17

ENSEMBLE DANS LE FLOT DE LA GLOIRE

Nations, écoutez la parole de l'Eternel, Et publiez-la dans les îles lointaines ! Dites : Celui qui a dispersé Israël le rassemblera, Et il le gardera comme le berger garde son troupeau. Car l'Eternel rachète Jacob, Il le délivre de la main d'un plus fort que lui. Ils viendront, et pousseront des cris de joie sur les hauteurs de Sion; Ils accourront vers les biens de l'Eternel, le blé, le moût, l'huile, Les brebis et les bœufs ; Leur âme sera comme un jardin arrosé, Et ils ne seront plus dans la souffrance. Alors les jeunes filles se réjouiront à la danse, Les jeunes hommes et les vieillards se réjouiront aussi ; Je changerai leur deuil en allégresse, et je les consolerai ; Je leur donnerai de la joie après leurs chagrins. Je rassasierai de graisse l'âme des sacrificateurs, Et mon peuple se rassasiera de mes biens, dit l'Eternel. **(Jérémie 31**$^{10\text{-}14}$**)**.

Si nous voulons le blé, le moût et l'huile, il nous faut, non seulement apprendre à entrer dans le courant, mais encore apprendre à le faire tous ensemble. C'est pour cela que le Saint-Esprit a restauré dans l'église la louange et l'adoration. Nous sommes habitués à vivre des expériences personnelles avec le

Seigneur, dans notre culte privé et, aujourd'hui, beaucoup de celles-ci nous arrivent dans le cadre de la congrégation. Par exemple, au début de notre séjour en Israël, les autres croyants étaient étonnés que nous exprimions notre amour pour le Seigneur "*au milieu de l'assemblée*" avec une liberté qu'eux-mêmes ne s'accordaient que dans l'intimité. C'est cette simplicité de la prière en famille que Dieu fait venir dans le sanctuaire, au culte du dimanche matin. Il nous enseigne à nous livrer tous ensemble à Lui dans l'adoration. Alors nous ne sommes plus unis de façon symbolique seulement, nous devenons réellement "*l'Assemblée de l'Eternel*", c'est-à-dire ceux qui s'approchent ensemble de Lui, et, en vérité, maintenant nous apprenons à unir nos voix ensemble dans Sa Gloire (litt. "*à couler ensemble*", comme la rivière, dans Sa gloire).

Pour cette raison, exerçons-nous à accomplir des gestes simples à l'unisson : comme par exemple, nous tenir debout, élever nos voix, lever les mains et encore danser, tous ensemble. Pour commencer, nous le ferons peut-être d'une façon un peu mécanique, mais à mesure que nous obéirons au Seigneur dans cette démonstration d'unité, nous commencerons à sentir le mouvement de la rivière, qui attestera que nous somme un en Lui.

Nous pouvons venir L'adorer comme l'ensemble d'un grand nombre de voix, mais au moment où le Seigneur le décidera, miraculeusement, toutes nos voix deviendront une seule voix. Lorsque nous nous réunissons aux pieds de Jésus, laissons de côté toutes nos habitudes afin de découvrir Sa propreméthode à Lui, et d'être capables de nous fondre ensemble dans la bonté du Seigneur ; faisons-le dans la perspective de la récolte du blé, du moût et de l'huile.

Ces trois produits de la terre étaient typiques des cultures des environs de Jérusalem et de la Judée. Ce qui fait que la plus grande partie des dîmes apportées à la Maison de l'Eternel consistait en au moins l'un de ces trois éléments. Les dîmes apportées à Jérusalem étaient plus ou moins abondantes, suivant les années et le résultat des récoltes. Mais nous, nous sommes à la veille de la plus vaste moisson que le monde ait jamais connue, et la bénédiction qui va être recueillie dépassera tout ce que nous avons pu voir ou entendre dans le passé.

Alors si vous avez le désir d'être en plein milieu du courant de l'Esprit, il vous faut prendre part à ce qu'Il fait. Lorsque je me trouve en Afrique, par exemple, et que je vois les croyants danser, je me lève pour danser avec eux ; je fais de mon mieux pour suivre leurs mouvements, même si je ne l'ai jamais fait auparavant. Ce n'est peut être pas très réussi, mais j'y mets tout mon cœur, pour ne pas interrompre leur démonstration de joie par l'intrusion de mon style américain.

C'est à nous de nous adapter à l'action de Dieu et de laisser de côté nos idées préconçues. Partout où nous allons, soyons en communion avec ceux qui conduisent les réunions et joignons-nous à ce qu'ils font. L'unité est puissante ! Ce n'est plus le temps d'être individualiste et indépendant. Ne vous privez pas, par quelque entêtement, du grand mouvement de Dieu. Votre indépendance vous couperait de la bénédiction. Rejoignez le flot et apprenez à vous mouvoir dans la rivière, à être porté par le courant - avec les autres.

La gloire de Dieu n'est révélée dans sa plénitude que lorsque nous sommes unis ensemble.

Considérant la vie de Moïse, j'ai remarqué qu'il ne s'est trouvé que quelques occasions où il a agi seul, indépendamment du reste des enfants d'Israël. La plupart du temps, tout ce qu'ils faisaient, ils le faisaient ensemble : ensemble ils installaient le camp et ensemble, ils le levaient pour partir. Pas de place pour l'individualisme.

Certes Moïse, en sa qualité de conducteur du peuple est monté seul sur le sommet de la montagne où il s'est tenu dans la nuée de la gloire de Dieu. Mais la plupart du temps, Moïse se trouvait au milieu du peuple. Et aujourd'hui Dieu appelle les pasteurs à tendre encore plus (afin de voir comment Il veut bénir

Son peuple, quand il forme un tout) vers la conception de congrégation unie, eux-mêmes en faisant partie. Vous et moi, nous devons pareillement apprendre à répondre de mieux en mieux au SAINT-ESPRIT dans les autres, et avec les autres. Ainsi, dans la réunion d'aujourd'hui, je me joindrai de tout mon cœur au frère Untel, et demain, c'est lui qui se réjouira avec moi.

(NdT : Je voudrais attirer l'attention du lecteur sur la difficulté de la traduction du terme "flow" dans toutes ces pages. Littéralement la phrase ci-dessus donnerait : "Vous coulez avec Frère Jones dans la réunion d'aujourd'hui, et il coulera avec vous dans celle de demain". Je souhaite que cette parenthèse vous aide à mieux saisir la pensée de Ruth).

J'aime les réunions où un grand nombre de croyants se lèvent et prophétisent. Nous devrions le voir plus souvent, mais plusieurs n'exercent pas le don qu'ils ont reçu. Lors de ces cultes-là, une personne voit le fleuve de Dieu, une autre voit où il dirige son cours, une troisième voit ce qui se passe au milieu du fleuve, et une autre personne encore voit ce qu'il est sur le point d'accomplir. J'aime ça ! J'aime ça ! J'aime ça ! Et je suis persuadée que Dieu l'aime aussi.

Certains chrétiens ont de grands cahiers de notes sur toutes sortes d'enseignements, mais n'apprennent jamais à les mettre en pratique. Je me souviens de l'époque où nous apprenions l'hébreu aux cours appelés Ulpan en Israël. Nous avions tous de très beaux cahiers. Et je disais à mes amis : "*Nous avons de beaux cahiers, nous avons soigneusement pris les notes nécessaires, mais si nous ne pouvons pas nous mettre à parler la langue, nous n'aurons rien appris du tout*". Car le but recherché en suivant un Ulpan, c'est de parler l'hébreu. Le but n'est pas de remplir des pages de notes. C'est la même chose en ce qui concerne l'Esprit. Il est temps de laisser les cahiers de côté et de mettre en pratique ce que le Seigneur nous enseigne : nous laisser porter ensemble par le courant de Sa rivière.

Une année, nous avions décidé d'avoir dix jours de prière ininterrompue, de l'Ascension à la Pentecôte. C'était à Jérusalem.

Au cours d'une nuit, un jeune frère reçut une révélation et se mit à chanter : «*Nous sommes en train de rassembler les perles et nous les lançons à travers les portes de la gloire*». Nous laissant absorber par cette vision, nous avons réalisé que Dieu nous parlait d'une ouverture de la Chine. Là-dessus, j'ai remis la marche de la maison entre les mains de notre équipe à Jérusalem et dès le lendemain, j'ai pris un vol pour Hong-Kong afin d'y suivre un cours intensif de mandarin. Je n'avais pas la moindre idée de la manière dont Dieu allait ouvrir cette porte apparemment impénétrable, mais je savais qu'Il l'ouvrirait si je Lui obéissais. C'était, à l'époque, pratiquement impossible aux américains ordinaires d'entrer en Chine, même pour visiter le pays. C'était avant la normalisation, et la seule façon d'y parvenir était de se voir invité par un diplomate étranger en résidence à Pékin. Dieu savait tout cela.

J'ai trouvé par miracle un excellent professeur. C'était une dame et, le jour suivant, me trouvant chez elle à l'heure du déjeuner, je fus abasourdie d'entendre sa propre nièce me dire qu'elle était l'épouse d'un diplomate australien résidant à Pékin et qu'ils seraient heureux de me procurer l'invitation nécessaire. Ainsi, le second jour après avoir obéi au Seigneur en venant sur place pour apprendre la langue, je Le voyais m'ouvrir la porte de la Chine ! Ce miracle nous permit de commencer à lancer les perles dans les portes de la gloire, et tout était venu de notre promptitude à écouter ensemble ce que disait l'Esprit. Si vous aussi vous apprenez à suivre ensemble le flot de l'Esprit, des miracles surprenants jalonneront également votre route.

Il existe beaucoup trop d'esprit de compétition entre les ministères. Mais ce qu'il nous faut apprendre, c'est à joindre nos efforts ! Nous faisons tous partie de la même équipe ! J'ai eu parfois besoin de toute la grâce de Dieu pour supporter certaines conférences où les prédicateurs semblaient ne se préoccuper que de prêcher encore plus savamment que les autres. Mais, il ne s'agit pas d'une compétition. Oubliez votre identification individuelle et commencez à vous plonger avec les autres dans la bonté du Seigneur.

Je sais que beaucoup se disent que cette unité d'esprit est irréalisable ; mais pourtant, elle est en chemin. Si Dieu est capable de ramener le peuple juif du Nord, du Midi, de l'Orient et de l'Occident, et de former d'eux tous une grande nation, Il est certainement capable aussi de nous amener, nous chrétiens d'entre les païens, à nous unir ensemble. Or l'unité que le peuple d'Israël va observer au milieu de nous excitera sa jalousie et le poussera à crier à Dieu avec plus de force. Dieu peut accomplir ce miracle pour nous.

Lors d'une certaine conférence de pasteurs à Brownsville, l'un d'eux commença à faire une marche de Jéricho. Les uns après les autres, tous se sont joints à lui, pour marcher ensemble à la gloire du Seigneur. Nous n'avons eu besoin d'aucune invitation personnelle et personne ne nous a fait signe d'entrer dans cette marche. C'est spontanément que chacun prit sa place dans la procession. Personne n'eut l'idée de demander qui l'avait commencée, ni qui l'avait organisée. La question était sans importance. Sans discuter, chacun suivit le mouvement, poussé par le Saint-Esprit. C'est une image de ce que Dieu attend de nous en ces derniers jours.

Il nous arrivera sans doute quelque fois de devoir concentrer notre attention sur Jésus et de Lui laisser le soin de s'occuper du reste, pour prix de l'unité. Parlons de la gloire de Dieu. Pour l'amour ***«du blé, du moût et de l'huile»***, ignorons nos différences et avançons ensemble.

Dieu est loin d'être autant que nous préoccupé par les petits problèmes. Il voit l'image globale et pas seulement une pièce du puzzle. Alors arrêtons de discuter sur ce qui n'est pas essentiel. Ne laissons pas des questions insignifiantes nous séparer. Mais joignons-nous dans l'unité pour l'amour du Royaume de Dieu.

Lorsque j'ai quitté la maison à l'âge de seize ans pour conduire ma première campagne d'évangélisation, mon père m'a avertie que chaque église avait sa manière à elle d'organiser ses réunions et que changer leurs méthodes ne faisait pas partie de mes responsabilités. Mon rôle consistait à bénir le peuple de Dieu dès que c'était à mon tour de parler. Et je me suis toujours souvenue de ce sage conseil.

Laissez enfin de côté tout ce qui vous empêche de vous joindre librement à vos frères et jetez-vous en plein milieu du courant divin. Que la rivière vous entraîne !

Père Céleste,
Merci de nous apprendre à «couler» ensemble comme un flot ensemble. Nous ne voulons plus être des ruisseaux séparés.
Nous voulons nous rejoindre et devenir le Fleuve de Tes desseins sur la terre entière.
Au nom de Jésus. Amen !

CHAPITRE 18

FAISONS NOS DELICES DE LA GLOIRE

Alors tu mettras ton plaisir en l'Eternel, Et je te ferai monter sur les hauteurs du pays, Je te ferai jouir de l'héritage de Jacob, ton père ; Car la bouche de l'Eternel a parlé. **(Esaïe 58[14])**.

Dieu désire que nous trouvions en Lui tout notre bonheur : dans Sa présence, dans Ses plans, dans Sa manière de nous conduire jour après jour. Apprenons à vibrer de joie dans la gloire du Seigneur.

Il faut que nous devenions un peuple heureux et plein de joie. C'est la plus grande contribution que nous puissions apporter à la cause du réveil. Et si nous veillons à garder notre esprit à ce niveau, Dieu nous élèvera.

«*La promotion ne vient ni du Nord, ni du Midi, ni de l'Orient ni de l'Occident mais elle vient de l'Eternel*». C'est Lui qui nous élève. C'est pourquoi nous devons trouver notre bonheur dans le Seigneur, dans Ses voies et dans Son peuple.

Lorsque la Reine de Seba monta à Jérusalem pour voir la sagesse de Salomon, elle fut si impressionnée qu'elle se mit à louer le roi et tout ce qui lui appartenait, même ses serviteurs, car elle s'écria : «***Heureux ceux qui sont au service du roi !***»

Même les serviteurs étaient bénis. Quant à nous, comme nous faisons du Seigneur nos délices, faisons pareillement de Son peuple nos délices. Nous devons mettre notre plaisir en "***ceux qui se tiennent dans Sa présence, et qui Le servent jour et nuit***". "***La joie de l'Eternel***" qui arrive avec le réveil est si importante qu'il faut demander à Dieu de nous aider à ne pas essayer de l'analyser, mais simplement à en bénéficier. Si vous n'avez pas encore expérimenté cette joie, il est grand temps de vous y mettre. Si vous n'avez encore jamais reçu le saint rire, il est temps de le recevoir !

Vous préférez peut-être continuer à vous comporter comme vous l'avez toujours fait, mais Dieu dit que c'est le temps des voies nouvelles. Entrez dans le courant de la rivière pour que Dieu puisse faire jaillir de votre sein des fleuves d'eau vive, pour les autres.

La joie est un des moyens par lesquels Dieu nous rend forts. Il l'a même choisie comme mesure de la force qu'Il nous donne. Je ne comprends pas bien pourquoi, et vous et moi pouvons l'exprimer de façons différentes, mais tel est le choix de Dieu. La joie procure la force.

> ***Ils leur dirent : Allez, mangez des viandes grasses et buvez des liqueurs douces, et envoyez des portions à ceux qui n'ont rien de préparé, car ce jour est consacré à notre Seigneur ; ne vous affligez pas, car la joie de l'Eternel sera votre force.*** (**Néhémie 8[10]**).

La joie du Seigneur est votre force, et elle est ma force. Dieu a placé cet agent générateur de force dans nos vies afin que nous en possédions suffisamment à l'heure de la grande moisson qu'Il nous appelle à engranger dans ces derniers jours. Nous devons laisser Dieu accomplir à Sa manière cette œuvre immense.

Certains ont besoin d'être jetés par terre la première fois où ils rient dans l'Esprit. Il semble qu'ils ne puissent faire autrement. Plus tard Dieu peut leur donner le rire sans qu'ils aient à tomber. Quand ils sentent cet esprit venir sur eux, il leur suffit de s'y abandonner et d'avancer en plein courant.

S'ils vous faut tomber pour connaître une ou l'autre de ces bénédictions, alors tombez assez souvent pour qu'elles vous viennent de plus en plus facilement. A la fin, vous n'aurez plus besoin de cette aide.

Le week-end dernier, je me suis avancée vers le pupitre pour prendre la parole et soudain il me fut impossible de dire un mot. Je suis restée debout, figée dans une sorte d'inconscience, immobilisée sur place. Cela a duré environ une demi-heure. J'étais positionnée de telle façon qu'il n'était pas facile à une autre personne de venir continuer à conduire la réunion.

Tout le monde attendait respectueusement que je prêche et, lorsque je revins à moi, je ne cessais de répéter : «*Les yeux des aveugles s'ouvriront. Les oreilles des sourds entendront. Et les morts reviendront à la vie*».

Peut-être nous trouvons-nous ridicules en de telles circonstances, mais cela ne doit pas nous préoccuper outre mesure. La preuve en est que plusieurs de ceux qui assistaient à cette fameuse réunion ont dit que c'était probablement le plus beau service qu'ils aient jamais vu. La présence du Seigneur était sensible de façon si grandiose que chacun fut capable de pressentir la nouvelle dimension des miracles que Dieu est sur le point d'opérer au milieu de nous dans un proche avenir.

Ce phénomène de me trouver figée sur place, debout, m'était arrivé pour la première fois en avril 1997. J'étais à Mandan, dans le Nord Dakota, une ville voisine de Bismarck et c'était le premier soir d'une série de réunions à "Béthel", Assemblée de Dieu de l'endroit. J'étais assise au premier rang. Au moment où le pasteur voulut me présenter à l'assemblée, je me suis levée pour monter sur l'estrade ; mais, avant de l'atteindre, je me suis trouvée brusquement figée sur mes pieds et, pire encore, incapable d'articuler un mot pour expliquer ce qui m'arrivait.

Le pasteur attendait sur l'estrade et toute la congrégation pensait que j'allais dire quelque chose, et j'étais là, clouée au sol, entre le premier rang et l'autel, et les minutes passaient... Je ne peux pas dire combien de temps je suis restée ainsi mais, sans doute à cause des circonstances, cela me parut une éternité. Finalement Dieu libéra ma langue et je dis : «*Je suis clouée sur place. Je ne peux pas bouger*». Alors, naturellement, ce fut un éclat de rires général. Le Seigneur attendit encore plusieurs minutes avant de me rendre ma liberté de mouvement pour gagner l'estrade.

Ce soir là, un homme s'avança pour raconter l'histoire qui suit : la veille, roulant non loin de là, il avait vu de l'autoroute qu'il y avait un terrible incendie dans la ville. Comme il était pressé, il n'avait pas le temps de s'arrêter pour regarder le bâtiment en flammes. Mais dès le matin en passant au même endroit, il était descendu de voiture pour se rendre compte des dégâts subis. A sa stupéfaction, il découvrit qu'il s'agissait de l'église et que le feu n'y avait causé aucun dommage ! Les croyants s'y étaient réunis pour prier pour le réveil et Dieu avait permis qu'une telle manifestation de Son feu soit visible. Comment s'étonner alors que, le soir, j'ai ressenti la gloire avec une si grande force qu'elle m'a clouée au sol ?

J'ai vécu par la suite la même expérience à plusieurs reprises et, généralement, au moment où je m'y attendais le moins. Il m'est même arrivé qu'elle se produise plusieurs fois au cours d'un seul service - toujours pendant au moins une ou deux minutes et quelque fois davantage.

Un grand nombre d'entre nous, après être tombés sous la puissance de l'Esprit, se sont aperçus qu'ils étaient incapables de se relever pendant un certain temps. Nous assistons de plus en plus à ce phénomène, non seulement lorsque nous sommes par terre, mais aussi bien assis ou debout, parce que la présence de la gloire de Dieu ne fait que s'accroître et que c'est Son désir d'opérer des signes et des prodiges au milieu de nous.

Un soir de notre convention d'été, une jeune fille était allongée par terre sous le pouvoir de l'Esprit et un frère qui lui tendait la main pour l'aider à se relever s'aperçut qu'il n'y arrivait pas, malgré toute sa bonne volonté. Elle était très menue, plus petite que ses propres filles, mais elle semblait peser au moins deux cents kilos, par la présence du poids de gloire qui reposait sur elle. Et c'est longtemps plus tard qu'il parvint à la relever.

Il y a quelques années, je me trouvais à Prétoria, en Afrique du Sud, où une église m'avait invitée à tenir un séminaire de trois jours sur la louange, l'adoration et la gloire. L'assistance comptait plus de mille personnes et nous nous réjouissions tous ensemble dans la présence de Dieu.

Le troisième soir, le message portait sur la gloire et après avoir fini de prêcher, j'invitai les gens à s'avancer pour en vivre l'expérience. Je m'attendais à ce que l'auditoire se tienne tranquillement dans la gloire tout en recevant des visions du Seigneur et des lieux célestes. C'était la façon dont mon message laissait prévoir la fin de la soirée. Cependant à mesure que les fidèles se groupaient près de l'autel, quelque chose de tout différent commença à se produire.

A ma droite, je vis venir la nuée de la gloire de Dieu. Le pasteur était au pied de l'estrade et je l'appelai à monter rapidement pour qu'il voie ce que je voyais.

Dès qu'il m'eut rejointe, je lui montrai du doigt l'endroit où était la nuée, en disant : «*Regardez !*» Et, à l'instant même, un groupe de cinquante à cent personnes tombèrent sous la puissance de l'Esprit. Puis, à mesure que la nuée arrivait jusqu'à nous, en un mouvement de zigzag, de plus en plus de gens tombaient sous sa puissance, par petits groupes, sans que personne n'ait prié pour eux. C'est Dieu qui agissait de façon souveraine, suivant la progression de la nuée de gloire.

Or, à peine les croyants étaient-ils tombés dans l'Esprit, qu'ils furent saisis de la plus extraordinaire hilarité. C'était tout à fait nouveau pour eux et je n'en avais pas dit un mot, d'autant plus que je ne l'avais pas anticipé. Cette visitation se prolongea longtemps au point que, plusieurs heures plus tard, beaucoup parvenaient encore avec peine à se relever. Parmi ceux-ci, une dame très élégante, qui me raconta le lendemain à l'heure du déjeuner, qu'il lui avait fallu ramper jusqu'à un pilier pour arriver à se lever en s'y cramponnant. Elle n'y aurait pas réussi autrement, tant la puissance de Dieu avait traversé son corps de façon extraordinaire.

Cette soirée étonnante n'était, j'allais le découvrir, que la première d'une série d'autres soirées semblables par lesquelles le Seigneur marquait ce séjour en Afrique du Sud. Partout où j'allais, Dieu accomplissait des actes qui nous laissaient tous émerveillés. Un soir par exemple, pendant que je chantais, mon accompagnatrice s'arrêta de jouer. Il s'agissait d'Amanda Vanderbilt, venue de Jérusalem avec moi. Elle était toujours assise à sa place, mais submergée par la puissance de Dieu, elle s'était affalée sur le piano. Une de ses mains continuait le geste de courir sur le clavier, mais sans en toucher les notes. Je ne l'avais jamais vue dans cet état-là et nous en avons ri bien souvent par la suite.

Pendant que je me trouvais dans la ville d'Utenhaag, juste en face de Port Elisabeth, je vis, en première page du journal, un article au sujet de la femme du pasteur de Port Elisabeth et du réveil surprenant visitant leur église. Je l'ai aussitôt contactée, pour déjeuner avec elle, afin d'apprendre ce que le Seigneur faisait parmi eux. Elle me raconta alors que son mari s'était envolé pour Singapour avec le groupe des anciens pour assister à un séminaire sur la croissance de l'Eglise. Pendant ce temps-là, Celui qui connaît le sujet de la croissance de l'Eglise mieux qu'aucun homme au monde est venu visiter la leur, de sorte que ceux qui y étaient restés firent l'expérience d'une œuvre souveraine du Saint-Esprit. L'épouse du pasteur en était tellement ébahie qu'elle appela son mari pour lui demander ce qu'elle devait faire.

- *Ne laisse surtout pas ce mouvement s'arrêter,* répondit-il. *Continuez à faire ce que Dieu vous montre, jusqu'à notre retour.*

Or, le Seigneur avait dit à cette femme d'imposer les mains à toutes les personnes présentes aux réunions et de prier pour elles, et, comme elle était très petite, elle était obligée de le faire en montant sur une chaise ; et elle se déplaçait avec sa chaise. Mais cela n'empêcha personne de tomber sous la puissance de Dieu, qui Se mit à répandre une joie profonde sur Son peuple en Afrique du Sud.

Ce soir-là, je devais prêcher dans une église pentecôtiste assez conservatrice. La dame chez qui j'étais reçue m'accompagnait. Elle était membre de l'Eglise Réformée Hollandaise. Le peuple sud-africain est, de nature, très attaché aux convenances, et mon hôtesse était très méticuleuse et toujours magnifiquement habillée. D'ailleurs elle changeait de tenue plusieurs fois par jour, chacune comportant souliers et sac à main assortis.

Après le message et un moment passé à nous tenir ensemble dans la gloire, j'ai invité ceux qui avaient reçu une vision ou une révélation à s'avancer pour en faire profiter les autres. Or cette sœur nous fit part d'une révélation et aussitôt qu'elle eut fini de parler, elle tomba par terre sur l'estrade. Tout allait bien jusqu'au moment où elle essaya de se relever. Son menton restait cloué au sol. Et elle qui était si délicate et gracieuse, elle se contorsionnait pour essayer d'arracher son menton au plancher de l'estrade. Le spectacle était si drôle que tout le monde riait aux larmes. Nous étions remplis de la joie du Seigneur.

Quant à la sœur en question, elle était tellement ivre de joie que nous avons dû la porter à la maison à la fin de la réunion et je l'ai encore entendue rire plusieurs fois au cours de la nuit.

Le lendemain matin, elle paraissait avoir rajeuni de vingt ans ! On aurait dit qu'elle était passé par une chirurgie esthétique complète du visage. Je l'ai revue l'année dernière lors d'une conférence à Jérusalem et elle me dit que cette fameuse nuit avait changé sa vie à jamais. Et pendant qu'elle nous donnait ce témoignage, la joie et le rire éclatèrent au milieu de nous et plusieurs se trouvèrent à leur tour immobilisés sur place.

Cette expérience, ce mouvement surnaturel du Saint-Esprit en Afrique du Sud s'est renouvelé ville après ville, partout où le

Seigneur nous envoyait. Dans une certaine réunion, je reçus une parole de connaissance concernant quelqu'un ayant une jambe plus courte que l'autre. Quand je l'ai dite, un homme au fond de la salle sentit instantanément sa jambe se rallonger. Or, il ne s'agissait pas d'une petite différence de taille avec l'autre, mais d'une importante infirmité.

Dans ce temps où la gloire se révèle, on voit et on verra se produire des miracles de plus en plus grands. En outre, Dieu apporte de magnifiques transformations dans les cœurs ; en même temps qu'Il touche les corps, Il guérit aussi les problèmes émotionnels.

Beaucoup critiquent les rires dans ce mouvement de réveil, surtout parce qu'il arrive qu'ils se produisent même pendant la prédication. A leur avis, cette manifestation est parfaitement déplacée, inconvenante. Mais réfléchissons un instant à ce qui s'est passé dans la maison de Corneille lorsque Pierre l'a visité.

> ***Comme Pierre prononçait encore ces mots, le Saint-Esprit descendit sur tous ceux qui écoutaient la parole. Tous les fidèles circoncis qui étaient venus avec Pierre furent étonnés de ce que le don du Saint-Esprit était aussi répandu sur les païens. Car ils les entendaient parler en langues et glorifier Dieu.*** **(Actes 10[44-46])**.

Personnellement, j'ai observé ceci : lorsque, après un service d'adoration où la gloire est descendue, le prédicateur s'avance et commence à prêcher, il porte sur lui une telle onction, une telle gloire, qu'elle provoque une réaction de l'assistance. Alors, si certains rient, ce n'est ni de lui, ni de ce qu'il dit ; ils seraient probablement incapables de dire pourquoi ils le font. Leur esprit a réagi automatiquement à la gloire qu'ils perçoivent dans la voix du prédicateur. Leur rire est une réaction à la gloire. Pourquoi irions-nous penser qu'ils manquent de respect envers la Parole qui est annoncée ? Ne voulons-nous pas honorer le Saint-Esprit ? Alors, si c'est Lui qui agit en causant les manifestations, qui sommes-nous, pour contester avec Lui ?

Dès notre arrivée à Jérusalem, nous avons eu le privilège d'apporter notre participation à la Célébration Chrétienne de la Fête des Tabernacles et nous y avons toujours assisté. Et il y a deux ans, les organisateurs m'ont invitée à parler sur la gloire à l'une des soirées. Le soir précédent, le Seigneur m'avait donné un chant merveilleux alors que j'approchais du centre de conférences. Il voulait me montrer le domaine de la gloire comme "***celui où le chœur des anges du Roi chante les louanges***".

Aussi le lendemain, dès que l'on me donna le micro, j'ai entonné ce chant, puis j'ai lu mon texte biblique. Aussitôt après, sans que j'aie eu le temps de comprendre ce qui se passait, la gloire descendit au milieu de l'assemblée et des rires commencèrent à éclater de tous côtés, chose tout à fait inhabituelle dans ce lieu. Il y a des moments où nous souhaitons une telle expression de joie, mais il y en a d'autres où nous préférerions vraiment que Dieu intervienne d'une autre manière.

Seulement Il se plaît à prendre la situation des mains des pasteurs dans les siennes, pour que nul n'oublie qu'Il reste souverain sur tout l'univers. Avant que le service ne s'achève, plusieurs des responsables, hommes pleins de dignité, assis sur l'immense plate-forme, se trouvaient à moitié allongés sur leurs sièges en train de rire de façon incontrôlable. Personne n'était allé leur imposer les mains ni prier pour eux, ils étaient touchés directement par la gloire. Dieu agit de manière différente et nous devons accepter qu'Il fasse tout à Son idée. D'ailleurs, Il m'a fait la promesse que, si j'étais disposée à laisser le Saint-Esprit travailler comme il Lui plairait, Il me donnerait de me tenir sur les grandes estrades de la Terre.

J'ai vu des gens recevoir de formidables guérisons sur le plan émotionnel pendant un moment passé à rire dans l'Esprit. On aurait dit que tous les blocages d'une vie entière volaient en éclats d'un seul coup tandis que le Saint-Esprit faisait jaillir la joie et les rires.

Les délices, c'est la joie qui atteint le plus haut degré dans l'Esprit. C'est la joie qui se manifeste dans l'expression des hautes louanges qui sont dans notre bouche.

Fais de l'Eternel tes délices, et Il te donnera ce que ton cœur désire. (Psaume 37[4]).

Les délices, c'est la joie qui s'exprime dans la présence de la gloire.

Comme le pommier parmi les arbres de la forêt, tel est mon bien-aimé parmi les fils. Je me suis assise avec délices sous son ombre et son fruit fut doux à mon palais. Il m'a amenée dans la salle du festin, et sa bannière sur moi, c'est l'amour. (Cantique des Cantiques 2[3-4]).

Les délices, c'est la manifestation légère de la nuée, de Sa glorieuse présence. Mon Sauveur est ma joie et je fais de mon bien-aimé mes délices.

Revêtons des habits de fête, des vêtements de louange et débarrassons de l'esprit qui voudrait nous abattre.

Seigneur,
Augmente, ma joie. Que notre intimité soit toujours délicieuse. Qu'elle soit indescriptible et remplie de Gloire.
A Toi, l'honneur, amen ! Amen ! Amen !

CHAPITRE 19

FAIRE DE LA PLACE POUR LA GLOIRE

Portes, élevez vos linteaux ! Elevez-les, portes éternelles ! Pour que le Roi de gloire fasse Son entrée ! **(Psaume 24[9])**.

La gloire de Dieu apporte le réveil et, si nous voulons plus du réveil, il nous faut davantage faire de la place pour la gloire. C'est là le besoin le plus urgent de l'Eglise, à l'heure actuelle. Il ne s'agit pas seulement de préparer un local où Dieu puisse être à l'œuvre, mais aussi d'une préparation personnelle dans chaque domaine de notre vie.

Or, l'un des lieux obligés où faire de la place pour la gloire, c'est dans nos réunions. Le fait de ne pas lui laisser la place d'honneur dans nos services, est la raison la plus répandue de l'absence de sa manifestation, dans une multitude d'églises, en Amérique comme à travers le monde. Je suis persuadée que la plupart des éléments nécessaires sont au rendez-vous, mais nous ne donnons tout simplement pas une chance à Dieu. Nous ne Lui offrons pas d'opportunités pour intervenir. Nous n'accordons pas d'espace libre à la gloire.

La clef serait simplement, parfois, de chanter tel petit chœur deux ou trois fois de plus, ou bien de faire silence un instant, pour donner l'occasion au Saint-Esprit de parler prophétiquement. Ce qui nous arrête est rarement compliqué. Nous ne sommes pas devant de gros problèmes à surmonter, mais plutôt devant des réajustements minimes.

Je suis si heureuse que Dieu me donne l'occasion d'aider Son peuple à savoir entrer dans la gloire ! J'ai eu le privilège d'être élevée dans une famille qui connaissait la gloire de Dieu, et d'avoir rencontré de grands hommes et femmes de foi et d'onction, tout au long de ma vie ; et aussi d'avoir vécu toutes ces dernières années en adorant le Seigneur dans la cité de Jérusalem. Aujourd'hui, en regardant en arrière, je réalise que le secret de tous ces grands ministères était leur aptitude à s'attendre à Dieu jusqu'à ce que la gloire descende.

Ces hommes et ces femmes ne restaient pas assis sans savoir ce qu'ils attendaient.

William Branham, par exemple, était un ancien pasteur baptiste qui, après avoir reçu une visitation de Dieu, avait connu une grande richesse spirituelle. C'était un homme de taille moyenne. Lorsqu'il montait sur l'estrade, il passait un moment à dire des choses sans importance, des paroles banales. Il saluait l'auditoire et lui disait combien il se réjouissait de se trouver là. Parfois il rappelait les bénédictions que le Seigneur avait accordées la veille, mais chacun pouvait voir que ce n'était rien de plus qu'un aimable bavardage. Alors, ceux qui ne le connaissaient pas pouvaient commencer à se demander pourquoi ils avaient fait tant d'efforts pour venir l'écouter. Sa personne n'avait rien de passionnant. Finalement, il s'expliquait : "*J'attends que l'ange soit là*". Le Seigneur lui avait promis que Son ange se tiendrait à côté de lui chaque fois qu'il exercerait son ministère, si bien qu'il se contentait de parler simplement avec les gens, jusqu'à ce qu'il sente la présence de l'ange.

Soudain, alors, on voyait un changement spectaculaire se produire en cet homme simple et effacé. Il redressait ses épaules et ses yeux s'éclairaient comme par une flamme de feu, et, de façon tout aussi soudaine, il se mettait à appeler des personnes de l'auditoire en disant quelles étaient leurs maladies, en donnant leur nom, leur adresse, le nom de leurs médecins, puis il leur communiquait la guérison et la délivrance de la part de Dieu.

Dans ces moments-là, il n'avait plus besoin de déclarer que l'ange de l'Eternel était là, car tout le monde le savait ! Cet homme qui, quelques instants plus tôt, semblait si peu à sa place en face de la grande foule, se trouvait soudain revêtu de l'autorité du Dieu de l'Univers ; et cela, simplement parce qu'il avait fidèlement attendu, au cœur de la réunion, que la gloire du Seigneur vienne se manifester. Il avait un don extraordinaire de vision, puis il décrivait ce qu'il voyait, au moment où il le voyait. J'aime cela.

Je souhaite qu'une multitude de croyants obtiennent ce don. En fait, personnellement, je demande à Dieu de me faire progresser plus largement dans ce domaine.

Les visions de William Branham étaient très détaillées. Il voyait quelqu'un pris dans un accident, et pouvait décrire comment l'accident s'était produit, ce qui l'avait causé et quels en avaient été les conséquences. Il voyait les gens à l'intérieur de l'hôpital et décrivait le docteur en train de secouer la tête en leur annonçant avec tristesse que les dommages seraient irréparables. Mais il savait aussi que cette personne se trouvait précisément dans la salle ce soir-là et il l'appelait à s'avancer. Elle le faisait aussitôt et le frère Branham lui demandait alors : "*Ce que j'ai décrit correspond-il à la réalité?*" La réponse était toujours positive.

> - *Alors,* disait-il, *si Dieu a pu montrer tous ces détails à Son serviteur, pouvez-vous croire, si je vous déclare que, par Sa puissance, vous êtes également guéri(e) ?*

Et le miracle s'opérait juste sous nos yeux. Que c'était beau ! Cette atmosphère de gloire était une des plus grandioses que j'aie connues lors de réunions tenues par qui que ce soit sur la terre. Or, à notre époque, nous allons de nouveau vivre des jours comme ceux-là. Et dans l'avenir, nous serons souvent saisis, beaucoup plus qu'avant, d'un sentiment de révérence et, dans nos services, ce sera comme sur la pointe des pieds que nous nous avancerons dans la présence de Dieu.

Nous nous sommes comportés parfois comme des ours dans un magasin de porcelaine. Devenons sensibles à la présence de Celui qui habite dans les cieux et nous ferons plus attention. Cela veut-il dire que nous n'allons plus pousser des cris de joie et nous réjouir devant Sa face ? Pas du tout ! Nous continuerons nos acclamations, seulement il y aura une façon nouvelle d'entrer dans Sa présence : nous veillerons très soigneusement à ne rien faire qui puisse briser l'atmosphère de la gloire au milieu de nous.

Plus encore, Dieu désire voir notre visage (Litt. notre "menton") levé vers Lui, comme dit le Psalmiste :

> ***Mais Toi, Eternel, Tu es mon bouclier, ma gloire, Celui qui relève ma tête.*** **(Psaume 3[3]).**

Il suffit parfois d'un léger mouvement pour nous aider à entrer dans la gloire. Peut-être votre tête n'est-elle pas dirigée vers l'abîme, mais vous avez seulement besoin de la lever juste un peu plus haut. Quelquefois, il suffira simplement de chanter un cantique un peu plus lentement ou un peu plus vite. Alors, si je sens, au cours d'une réunion, que ce petit rien aidera, je n'hésite pas à suggérer, à l'oreille de la personne qui conduit la louange : "*Juste un peu plus lent*" ou : "*Un tout petit peu plus rapide*".

Ne rejetez pas trop vite cette idée car il est vrai que, parfois, un rien peut faire toute la différence et donner sa place à la gloire. D'excellents musiciens objecteront peut-être qu'il n'existe qu'une manière correcte de chanter tel ou tel chant, précisant :

- *Celui-ci doit normalement se chanter sur ce rythme-là.*

Certes, mais c'est à nous d'apprendre à nous mettre au diapason de la gloire ! Oublions un peu les rythmes de la terre et accordons-nous aux sons qui viennent des lieux célestes. Apprenons à nous synchroniser davantage avec le ciel qu'avec la terre.

A la fin d'une grande campagne de réveil, un frère me dit, après une réunion qui avait été merveilleuse :

- Ruth, je me suis senti si près du ciel, ce soir, qu'il me semblait que, si je faisais un pas de plus, je m'y serais réellement trouvé !

Une telle conscience du ciel nous arrive souvent lors de nos conventions. Se sentir tout près de Jésus ne devrait pas être exceptionnel. Et si nous en avons vécu une fois l'expérience, nous pouvons la revivre toujours à nouveau. Saisissons ces quelques vérités toutes simples, car elles nous permettront de nous élever plus haut, dans le Seigneur, à chaque occasion.

Chacun de nous, je pense, lorsque nous avons reçu le Saint-Esprit et que nous avons parlé en langues, nous n'imaginions pas que nous pourrions ensuite dépasser ce sommet, mais nous l'avons dépassé. Dieu a toujours davantage pour nous, mais c'est à nous qu'il appartient de faire de la place à ce "plus".

Il existe certaines règles de base, pour faire une plus large place à la gloire, que nous devons tous respecter :

- Assister à de bonnes réunions où Dieu est glorifié.
- Joindre notre voix à celles des autres dans la louange et dans l'adoration.
- Prier abondamment en langues et permettre au Saint-Esprit de faire Son œuvre en nous.
- Chanter en langues, seul, si nous sommes seul, et laisser venir la gloire.
- Chanter en langues tous ensemble dans l'Eglise, sans retenue, pour accueillir la gloire au milieu de nous.

Il y a aussi plusieurs choses à laisser de côté de plus en plus, celles qui gaspillent notre temps : si nous remplissons notre pensée par les distractions du monde, par exemple, il risque de ne plus nous rester aucune place pour la gloire. Notre âme possède une capacité qui est limitée et, si cet espace est trop rempli d'autres affections, Dieu n'a pas la possibilité de faire ce qu'Il voudrait pour nous. Donnons de la place à la gloire !

La plupart d'entre nous font l'effort de trier leurs armoires. Nous voyons un costume ou une robe qui était notre vêtement préféré, l'année passée ; mais Dieu nous a donné un ou deux vêtements tout neufs ; alors, pour leur faire de la place, il faut ôter les anciens. Si quelqu'un nous avait suggéré, l'année d'avant, de nous en débarrasser, nous ne l'aurions pas écouté. Mais c'est un jour nouveau.

Prenons encore comme illustration le feuillage des arbres : en Virginie, à l'automne, il est d'une beauté telle que des gens viennent du monde entier pour l'admirer. Pourtant, si ces feuilles ne tombaient pas, les arbres ne connaîtraient aucun renouveau de vie. Ainsi, nos forêts perdent leur feuillage, si glorieux qu'il ait été, pour en obtenir un autre, un tout neuf. L'ancien tombe pour faire place au nouveau.

Nous aussi, nous pouvons échanger une dimension de gloire pour une plus grande dimension de gloire. Nous nous sentirons peut-être malheureux d'être dépouillés, comme les arbres pendant les mois d'hiver, d'avoir perdu la gloire qui nous était familière, mais la réalité, c'est que nous sommes en préparation pour une gloire plus grande, plus élevée.

Vous pouvez donc avoir le sentiment que toute beauté a quitté votre vie, éparpillée à vos pieds ou emportée par le vent... Mais, le printemps vient ! Et les saisons de Dieu ne sont pas forcément aussi longues que celles de la nature. Il sait comment faire dans un cœur une œuvre rapide. Il lui suffit parfois d'une heure pour que les feuilles mortes se détachent et que les nouvelles apparaissent, spirituellement parlant. Nous n'aurons pas à attendre des mois pour voir Son œuvre. Car Il est capable de l'accomplir pour nous, en quelques instants seulement.

Le Seigneur nous étonne constamment par tout ce qu'Il fait, à notre époque. La chute des feuilles mortes fait de la place pour la gloire qui arrive. Laissez aller l'ancien ordre de choses, afin d'être capable de saisir le nouveau ! Laissez partir cette gloire fanée pour pouvoir recevoir celle qui lui est supérieure.

S'il vous semble, par exemple, que vous oubliez beaucoup de vos connaissances intellectuelles, n'en soyez pas troublés. Car c'est Dieu qui vide vos entrepôts et dépose en vous des richesses toutes neuves. Alors, laissez venir sur votre vie ces nouveaux éclats de gloire, et ces dons plus excellents qu'Il a pour vous !

Dans le domaine de vos pensées, dégagez de la place pour la gloire, dans celui de vos émotions aussi. Permettez à Dieu de toucher chaque domaine de votre être, de manière toute nouvelle, et d'y opérer les changements qui sont nécessaires.

Ce que j'aime particulièrement, dans l'explosion de joie qui marque le réveil actuel, c'est que Dieu est en train de nous montrer qu'Il sait comment apporter la vie dans nos émotions. Et nous pouvons rire, aussi bien que pleurer, lorsqu'Il nous touche. Car lorsque Sa main se pose sur nous, tout le champ de nos émotions est sous Son contrôle. Il y a d'ailleurs une sorte de pleurs qui ne nous viennent qu'en présence de la gloire. Elle atteint nos émotions au plus profond et peut nous faire rire ou pleurer avec la même intensité.

Et la danse ! Que l'on n'empêche personne de danser ! David a dansé devant l'Eternel "***de toute sa force***". Ainsi, si l'un veut danser, qu'il danse ! Si un autre rit sans mesure, laissez-le rire ! Son rire va peut-être gagner la chorale et, en quelques instants, c'est toute l'assemblée qui sera touchée par la gloire du Seigneur ! Ce n'est pas à nous de décider de quelle manière la gloire va nous toucher. Il faut, au contraire, laisser à Dieu la pleine liberté de faire en nous ce qu'Il veut ! Nous n'avons rien à Lui apprendre, et Il sait exactement ce qu'Il fait.

Au moment précis, par exemple, où vous souhaiteriez avoir une attitude très digne, Dieu peut vous faire faire une chose complètement déraisonnable. Laissez-Le vous toucher pour que vous deveniez ouvert à ce qu'Il désire. Car la gloire remplira votre âme, dès que vous lui ferez de la place.

Lorsque nous prions, il doit y avoir un moment où nous arrêtons de présenter nos requêtes et où nous laissons la gloire nous inonder. Nous pouvons être, en effet, tellement occupés à parler à Dieu, à Lui apporter nos besoins, ou à intercéder même en langues, que nous ne Lui laissons pas une minute pour nous parler. Relaxons-nous donc un instant et que ce soit au tour du Saint-Esprit de prendre la parole. Vous vous retrouverez peut-être en train de siffler ou de faire autre chose, pendant que vous Lui permettez de faire Son travail en vous.

Avant que la gloire ne m'ait touchée, je n'avais jamais su siffler. Mais maintenant, je m'aperçois que je le fais parfois aux moments les plus inattendus. Il m'arrive même de ne pas m'en rendre compte. Ainsi, un jour, lors d'une importante convention, je sifflais de tout mon cœur, les yeux fermés... et je les ouvris un instant pour m'apercevoir que la caméra de télévision était dirigée en plein sur moi !

C'est Lui qui est notre gloire. C'est Lui qui relève notre tête. Il nous élève et attire nos regards pour qu'ils se plongent dans la contemplation de Sa face. Nous sommes les "***Portes***" de la gloire dont parle le **Psaume 24** et il faut que nous nous élevions.

Que l'accès à notre vie intérieure soit largement ouvert au Roi de gloire, pour qu'Il puisse y entrer dans toute Sa majesté. Que chaque porte s'ouvre ! Que chaque grille se soulève ! Que chaque barrière soit ôtée ! Et que le Roi de gloire fasse Son entrée ! Place au Roi ! Place à la gloire ! Alors, quand vous lèverez votre visage vers le sien, les sons célestes trouveront le chemin de votre âme.

La première fois que j'ai eu en main une télécommande, je ne savais pas qu'il fallait l'orienter juste en face du téléviseur. Si on l'oriente dans une direction un peu trop générale, on n'obtient aucun résultat. Il faut être plus précis ; l'orienter, exactement en face de la partie adéquate de l'appareil. Dieu nous indique où regarder, pour être capable d'obtenir le meilleur ajustement, le réglage optimum.

Ne regardez pas n'importe où. Ne cherchez pas de l'aide n'importe où. Ne levez pas non plus les yeux vers n'importe quoi. Regardez droit vers le visage de Jésus !

Voilà la génération de ceux qui Le cherchent, de ceux qui cherchent Ta Face, de Jacob ! **(Psaume 24**^{6}**).**

Levez vos têtes et élevez-vous ! Et si votre antenne n'est pas orientée exactement dans la bonne direction, laissez le Seigneur s'occuper de l'incliner un petit peu plus, de sorte qu'elle soit parfaitement réglée sur Sa voix. C'est dans le même sens que nous sommes conduits à accélérer ou à ralentir le rythme d'un cantique, par exemple. L'Esprit veut nous faire redresser la tête juste un peu plus haut, au-delà du monde naturel, au-delà de ce qui accapare notre attention. Elevons-nous !

Nous sommes la porte d'entrée. C'est par nos yeux, par nos oreilles, par notre sensibilité, que la gloire doit passer pour entrer en nous ; et même par notre odorat. Vous trouvez peut-être cela exagéré, mais Dieu le fait. Il envoie par exemple, une odeur d'encens au milieu d'une réunion. Je l'ai déjà expérimenté.

Quand cela s'est produit, je n'aurais pas su identifier la nature du parfum si je n'avais pas eu l'occasion d'assister, à Jérusalem, à des services de l'église orthodoxe, où une qualité d'encens très pure est employée. Car nous ne brûlons pas d'encens dans nos réunions. Mais ce jour-là, la gloire entrait en nous par nos narines.

La même chose s'est produite dernièrement lors d'une campagne avec Benny Hinn, à Miami : une odeur d'encens a envahi l'auditorium et y est restée un long moment. Des milliers de personnes ont été bénies par cette manifestation de la gloire de Dieu. C'est donc par tous nos sens que nous pouvons laisser la gloire pénétrer en nous.

J'ai rencontré, un jour, une dame tout à fait charmante qui habite une banlieue résidentielle de Minneapolis. Elle possède une petite boutique appelée "Roses et Rubans", où elle vend des papiers à lettres de luxe, toutes sortes d'articles pour offrir et les parfums les plus raffinés, qu'elle a rapportés de tous les coins du monde. Cette dame fut l'une des premières à avoir des fleurs lyophilisées, et elles sont extrêmement belles.

Nous sommes devenues amies, et elle vient à mes réunions chaque fois que je prêche dans sa région. Or, après avoir lu mon livre et m'avoir entendu parler sur la gloire, Dieu lui mit à cœur de créer un parfum qui s'appellerait "Gloire". Pour mener à bien cette recherche, elle renonça, pendant une année entière à porter sur elle le moindre parfum et à en avoir dans sa maison.

Car elle et son mari voulaient compter sur Dieu pour qu'Il leur fasse connaître le parfum exact de la personne de Jésus.

Pendant toute cette année, ils s'abstinrent également d'allumer des bougies parfumées pour agrémenter leurs repas du soir, et même d'utiliser du savon parfumé dans la salle de bains. Puis, une nuit, Jésus Lui-même entra dans leur maison… et ils purent sentir exactement Son parfum ! Le Seigneur revint plusieurs fois, si bien qu'ils se firent une idée très exacte de l'odeur de ce parfum qu'ils voulaient reproduire. Une fois l'idée bien définie, ils se rendirent en France pour rencontrer les plus grands parfumeurs et leur décrire l'odeur en question. Les parfumeurs ne l'ayant pas sentie personnellement, l'élaboration de ce parfun divin exige un long processus, mais ils sont déterminés à créer ce parfum et ils y travaillent encore, à ce jour.

Peut-être ne pouvez-vous pas vous offrir les services d'un parfumeur pour qu'il crée pour vous un parfum particulier, mais vous pouvez, vous aussi, faire tout ce qui sera nécessaire pour donner à la gloire plus de place dans votre vie. Sachez que si vous donnez à Dieu toute votre attention, Il vous fera connaître de grandes révélations.

Certains jeunes jugent qu'ils peuvent étudier en faisant autre chose en même temps, comme écouter la radio ou regarder la télévision. Mais Dieu veut avoir un peuple qui désire si fort connaître Sa gloire dans une plus grande révélation qu'il ne gardera de place que pour Lui seul. Faisons-Lui de la place dans nos projets, dans notre emploi du temps, dans tous les domaines. Il nous suffira parfois de faire silence, afin de laisser pénétrer des sons de gloire tout neufs dans notre esprit.

J'ai une amie dont le fils, très jeune, est pasteur d'une grande assemblée dans la région de San Francisco. Il a démarré l'église il y a deux ans et elle compte déjà 1 500 personnes au culte. Lorsque nous nous sommes rencontrés, lors d'une grande croisade, j'ai eu une vision de lui et je la lui ai racontée. Je le voyais occupé à faire place nette au Saint-Esprit, en Lui laissant toute la liberté de travailler dans son assemblée. Jusqu'à ce jour-là, il était resté hésitant quant à la pratique des dons spirituels, le don de paroles de connaissance, en particulier. Mais, dans la vision, je voyais le Seigneur bousculer littéralement l'ordre de ses réunions. Je voyais ce jeune pasteur s'avancer, prononcer des paroles de connaissance et prier en prophétisant pour les membres de son église.

Lorsque je le lui ai raconté, il m'a dit :
- *C'est exactement ce que je demande dans mes prières.*

Il arrive que nous demandions certains dons au Seigneur, mais nous ne voyons pas d'exaucement, parce que nous ne sommes pas prêts à leur faire la place nécessaire dans nos services. Faîtes donc de la place pour tout ce que le Saint-Esprit veut accomplir.

Prenez votre beau programme, bien établi, mettez-le en petits morceaux et jetez-les au vent. Laissez du temps pour la gloire ! Donnez-lui plus de liberté !

Voici un petit chœur que nous chantons en ce moment :

Nous donnons de la place à la gloire !
Nous donnons de la place à la gloire !
Nous donnons de la place à la gloire !
A la gloire du Seigneur !

Seigneur,
Combien je désire Ta gloire ! Montre-moi ce que, personnellement, j'ai besoin de changer dans ma vie, pour lui donner plus de place. Et ensuite, aide-moi à le faire. Dans le nom de Jésus, amen !

CHAPITRE 20

DANS LA GLOIRE SOYONS DANS L'ATTENTE DE LA REVELATION

Car nos légères afflictions du moment présent produisent pour nous, au delà de toute mesure, un poids éternel de gloire, parce que nous regardons, non point aux choses visibles, mais à celles qui sont invisibles ; car les choses visibles sont passagères, et les invisibles sont éternelles. **(2 Corinthiens 4**[17-18]**).**

Je vous encourage tous à voir ce qui est éternel. Cependant, il appartient à chacun de décider qu'il veut voir, d'en avoir un désir et une soif véritables. De plus, il faut croire que c'est possible et commencer à lever les yeux. Car personne ne peut voir sans faire d'abord l'effort de regarder.

Dans le déroulement de nos conventions, j'ai toujours du plaisir à entendre des serviteurs de passage, mais ce que j'aime par-dessus tout, c'est lorsque Dieu accorde, dans ces réunions précisément, un flot de révélation et je sais qu'Il veut nous l'accorder toujours davantage. Pourtant ce flot ne peut couler qu'à travers ceux qui se sont élevés au niveau de la révélation, avec le désir que Dieu les utilise dans ce domaine.

Quelques-unes de nos plus belles réunions ont été, je crois, celles où des croyants qui commençaient juste à se mouvoir dans la révélation, se mettaient à décrire les images qu'ils recevaient. Il n'est pas toujours aisé de trouver les mots pour dépeindre les choses éternelles, à cause de notre vocabulaire limité, mais Dieu nous aide ! Alors, il faut simplement ouvrir la bouche pour dire ce qu'Il nous montre, le proclamer et le partager. C'est la vision donnée "dans l'instant". Ce n'est pas même une vision que l'on a pu recevoir en venant à l'église. C'est celle que l'on commence à percevoir, à saisir et à comprendre pendant que l'on se tient là, dans l'Esprit. Et avec Son aide, on exprime ce que le Seigneur a à dire, au moyen de cette vision.

Jésus nous donne de Le voir, et nous devons aspirer à cette révélation. Car s'Il ne remplit pas notre vision, s'Il n'en est pas de plus en plus le centre, nous ne sortirons pas vainqueurs des jours difficiles qui nous attendent. Dieu prend plaisir à ôter le voile qui couvre nos yeux, à en faire tomber toutes les écailles, pour que nous puissions voir en toute clarté Sa gloire, la gloire du visage de Jésus. Car alors, nous pouvons connaître la gloire de Ses desseins, de Ses plans, et marcher nous aussi dans des sentiers de gloire.

N'attendez pas le plein développement d'une vision avant de la donner. J'ai observé que l'on reçoit de grandes visions à force de partager celles qui nous semblent moindres : tous ces petits coups d'oeil sur l'éternité, que nous recevons. Nous ressemblons à l'aveugle pour lequel Jésus a prié à deux reprises. La première fois, il apercevait les hommes comme des arbres qui marchaient, mais il décrivit la scène aussitôt. L'image n'était pas claire. Mais, pour nous également, si nous disons ce que nous voyons, aussi incomplet que cela puisse paraître, nous verrons mieux la fois suivante. Pourquoi ? Parce que le fait de déclarer la vision libère l'onction dans notre esprit. C'est le désir du Seigneur que nous vivions à ce niveau merveilleux où nous voyons ; et ce sera une nécessité pour nous, dans les jours qui viennent, car c'est la révélation de Dieu qui communiquera la vie à notre esprit.

Beaucoup, malheureusement, ne croient toujours pas aux visions ; mais leur incrédulité n'annule pas la méthode que Dieu a choisie. Car, en dépit de leurs doutes, Il ramène au premier plan le ministère des "voyants" : ceux qui prophétisent par visions.

En fait, l'avenir de nos ministères dépend entièrement de notre capacité à voir dans le monde céleste et, pour cette raison, Dieu veut nous faire monter jusqu'à la dimension où nos yeux spirituels verront dans l'invisible. Il veut même nous couvrir d'yeux. Cette onction-là nous fera nous tenir dans des lieux élevés. Alors, ouvrons-nous dès maintenant à une sensibilité accrue dans le domaine de l'Esprit. Que l'onction pour les visions se trouve libérée en chacun de nous, à partir de ce jour !

Elle nous rendra capables, par exemple, de discerner les besoins des gens, et notre façon de prêcher changera. Il est important que nous passions de la prédication qui résulte de la sagesse et de la connaissance que nous avons accumulées, à la prédication par révélation, que nous recevons sur le moment. Nous devons être semblables au prophète qui déroulait pour la première fois un rouleau qu'il n'avait encore jamais lu et qui se mettait à en déclarer le contenu.

Que chacun de nous monte un peu plus haut, prenne le rouleau et le déploie devant le peuple ! Ce sera comme du pain frais pour tous ceux qui nous écouteront.

Oubliez les points forts qui caractérisaient votre ministère jusqu'à ce jour, et mettez-vous à annoncer les paroles nouvelles que Dieu vous inspire. Dans les temps qui viennent, que votre ministère soit connu par la force de la révélation qui s'en dégage.

Il y en a parmi vous qui vont avoir des visions et des révélations, en plein milieu d'un travail tout ordinaire. Vous n'avez pas besoin d'attendre de vous trouver à l'église ; croyez que Dieu est prêt à vous visiter tous les jours - où que vous soyez et quoi que vous fassiez. Il nous montre quelquefois des images tellement simples que nous nous demandons si nous allons oser en faire part à quelqu'un d'autre. Sachez que ce qui est simple est souvent très profond. Ne craignez pas de partager ce que Dieu vous dit. Il se trouvera toujours une personne qui en sera bénie.

Même en marchant vous recevrez des révélations. Dieu veut vous dévoiler le cœur des hommes.

Certains sont saisis de crainte s'ils se sentent tout remués intérieurement, mais il ne s'agit pas d'un phénomène inquiétant : c'est le battement d'ailes de la colombe de l'Esprit et il apporte la vie. Il vient pour nous donner ses instructions.

Dieu se penche pour murmurer des secrets à vos oreilles, d'abord un, puis un autre. Gardez précieusement ce qu'Il vous dit. Ecoutez attentivement l'appel qu'Il vous adresse. Attachez votre cœur au ministère dans lequel Il vous a établi ; à la ville dans laquelle Il juge bon de vous installer. Embrassez tout ce qui vient de l'Esprit. Le temps est venu de voir, mais aussi d'entrer en possession de ce que nous voyons.

Puisque Dieu développe en nous, de plus en plus, l'onction qui nous ouvre les yeux sur le monde invisible, cherchons donc à voir Ses trésors éternels à chaque réunion. Recherchons la gloire. Recherchons sa manifestation. Laissons le Seigneur mettre sur nous l'onction qui nous fera atteindre l'excellence spirituelle de ce jour, qui est un jour nouveau. Comme Dieu a nourri Elie, tous les jours, au bord du torrent de Kérith, Il veut dans ces derniers temps, emmener Ses prophètes dans les parvis éternels et leur permettre de s'y reposer, jour après jour. Il nous enseigne comment gérer les richesses spirituelles. Il nous donne des yeux à multiples facettes. Si nous ignorions que nous pouvons vivre l'expérience de la gloire dans chacun de nos services, nous avancerions en tâtonnant comme ceux qui marchent dans l'obscurité, nous demandant quand elle va apparaître. Mais, puisque nous avons compris qu'elle est à notre portée, c'est désormais notre responsabilité, à chaque réunion, de nous élever au niveau de la révélation, afin d'être capables de bénir les autres par la manifestation de la gloire de Dieu. Car ce qu'Il attend de nous, c'est que nous avancions de gloire révélée, en gloire révélée.

Les pharisiens demandèrent à Jésus quand viendrait le royaume de Dieu. Il leur répondit : Le royaume de Dieu ne vient pas de manière à frapper les regards. On ne dira point : Il est ici, ou : Il est là. Car voici, le royaume de Dieu est au milieu de vous. Et il dit aux disciples : Des jours viendront où vous désirerez voir l'un des jours du Fils de l'homme, et vous ne le verrez point. On vous dira : Il est ici, il est là. N'y allez pas, ne courez pas après. Car, comme l'éclair resplendit et brille d'une extrémité du ciel à l'autre, ainsi sera le Fils de l'homme en son jour. **(Luc 17[20 à 24]).**

A notre convention d'hiver, en février dernier, plusieurs amis étaient venus de loin pour m'entendre ; alors, bien que cela n'ait pas été programmé, j'ai prêché pour eux aux services du matin. Et ce qui s'est passé cette semaine-là a été glorieux : Dieu me donna l'expression "*Gloire révélée*", qui devint, non seulement le thème de la convention, mais notre expérience quotidienne tous ensemble.

C'est maintenant l'heure où la gloire de Dieu se révèle ; et la seule manière par laquelle elle se manifeste, c'est par révélation, et uniquement ainsi.

Que voulait expliquer Jésus dans le passage ci-dessus ? Il voulait dire, entre autres, qu'il existe une source de révélation qui apparaît "***comme les éclairs dans le ciel***". Ils se produisent à une très grande fréquence et sont un phénomène absolument naturel. Parfois nous les voyons et d'autres fois non. Si nous regardons dans la bonne direction, juste au moment où un éclair perce le ciel, nous pouvons le voir. Sinon, et le plus souvent, nous ne les voyons pas. Toutefois, par le bruit qui les accompagne, nous savons qu'il y a des éclairs.

Si nous sommes très occupés, ils sont tellement rapides que, malgré la grande puissance qu'ils représentent, il nous arrive de tous les manquer. Lorsque Jésus était présent sur la Terre, tout le monde pouvait Le voir. S'Il venait à un endroit, les gens le savaient. Tandis qu'aujourd'hui, pour nous, Sa présence est beaucoup plus semblable à un éclair. Elle resplendit d'un point du ciel à l'autre, mais des multitudes ne se sont même pas aperçues qu'elle s'était manifestée.

D'autres passages importants mentionnent les éclairs : **Ezéchiel 1** et **Apocalypse 4**, où ils sont décrits comme sortant du Trône de Dieu. Je crois qu'ils représentent les révélations génératrices de vie, que Dieu nous donne aujourd'hui.

Dans notre génération, les cassettes vidéo sont vraiment une bénédiction : nous pouvons les voir et les revoir aussi souvent que nous le voulons, revenir en arrière pour saisir des détails que nous n'avions pas compris. C'est une grande richesse, d'un côté. Mais, d'un autre côté, Dieu cherche des croyants capables de saisir Ses révélations-éclairs. Elles viennent et passent très vite, mais ceux qui possèdent une grande sensibilité spirituelle reçoivent cet attouchement de l'éternité et le retiennent précieusement. Il est nécessaire que les yeux de notre esprit soient toujours plus sensibilisés à l'égard des révélations, afin de pouvoir les saisir au moment où Dieu les envoie. Ce grand réveil apporte avec lui une abondance de trésors révélés. Et ils nous sont accessibles si nous nous tenons sous la nuée de la gloire de Dieu.

J'aime les réunions de cette qualité, où les uns après les autres prophétisent, par révélations ou par visions. Mais lorsque celles-ci manquent un peu, je rassemble les plus spirituels de nos leaders et les exhorte à faire confiance à l'Esprit et à plonger dans Son courant.

Car, si vous désirez recevoir de profondes révélations, il faut vous y attendre avec foi et ensuite, vous mettre à la disposition de Dieu comme un canal pour les transmettre ; et vous verrez comment Il va répondre !

La révélation vous fera connaître la direction à prendre, le pas suivant à franchir et comment gérer la situation du moment.

Vous pouvez d'ailleurs remarquer que Benny Hinn et d'autres grands hommes de foi mettent de plus en plus l'accent, dans leur discours, sur la nécessité de s'ouvrir aux révélations. Benny en reçoit de merveilleuses et il croit que cette grâce est pour tous les croyants. Avec la révélation de la gloire, c'est Jésus qui se révèle au milieu de nous. Esaïe s'est écrié : "***J'ai vu le Seigneur!***" et vous pourrez le dire vous aussi. Et ce ne sera pas forcément une expérience unique, car Dieu désire vous accorder une révélation de Lui-même qui se développe au fil des jours. La nature même de cette connaissance est "*précepte sur précepte, ligne sur ligne, un peu ici, un peu là*". Comme, dans la construction d'une maison, on met les pierres en place les unes après les autres et la structure prend forme, petit à petit, jusqu'à ce qu'on la voit complètement achevée ; ainsi, un jour, nous jouirons de la révélation dans sa perfection.

> ***Car maintenant nous voyons au moyen d'un miroir, d'une manière obscure, mais alors nous verrons face à face ; aujourd'hui je connais en partie, mais alors je connaîtrai comme j'ai été connu.*** (**1 Corinthiens 13**[12]).

J'ai rencontré en Afrique du Sud un frère qui avait vécu de merveilleuses visites du ciel. Il s'y était trouvé transporté en esprit, non pas une fois, mais à plusieurs reprises. Nous en avons parlé pendant des heures et je comprenais tout ce qu'il me racontait, bien que la même expérience ne me soit arrivée qu'en de courts instants. En y réfléchissant, j'ai réalisé que, si les récits de ce frère m'avaient paru familiers, c'était à cause des multiples révélations-éclairs que le Seigneur m'avait accordées par l'Esprit.

Il se peut qu'un beau jour il nous soit donné du ciel une vision parfaite ! Certains déjà voient dans l'invisible beaucoup plus clairement que les autres. On dirait qu'ils ont reçu une grande capacité à s'abandonner à Dieu pour recevoir Ses révélations.

Lorsque nous sommes agenouillés à l'autel ou que nous tombons sous la puissance de l'Esprit, ne nous hâtons pas de nous relever. Si aucune raison ne nous oblige à le faire, demeurons là un moment. Nous accordons ainsi à Dieu une opportunité de Se révéler à nous. Si vous avez essayé de recevoir et que rien ne semble se passer, essayez encore, jusqu'à ce que vous obteniez votre révélation. Car vous ne pouvez pas passer à côté d'un pareil trésor.

Ce que l'Esprit nous montre peut aussi, parfois, ressembler à une vision périphérique : nous sommes capables de voir clairement ce qui est devant nos yeux, mais le reste demeure confus, comme sur les bords de notre champ visuel. Par exemple, il m'arrive de recevoir des visions alors que je prêche ou que je prie pour quelqu'un. Je regarde la personne pour laquelle je prie, je lui prête attention mais, en même temps, Dieu me donne une révélation qui n'a rien à voir avec le sujet présent. Elle me parvient au niveau de ma vision périphérique. J'ai donc été amenée à apprendre à lui accorder une part de mon attention, tout en ne négligeant pas ce qui m'occupe sur le moment. Exercez, vous aussi, votre cœur à être sensible à tout ce que l'Esprit de Dieu désire vous montrer.

Esaïe écrit encore : "***La gloire de l'Eternel sera révélée et au même instant toute chair la verra***". Si donc, au cours d'un culte, la personne qui dirige reçoit et décrit une vision, joignez-vous à elle dans l'Esprit pour la voir également. Car, de même que nous unissons nos voix ensemble dans l'adoration et que nous pouvons être plusieurs à recevoir le même message prophétique, au point que nous pourrions le dire dans les mêmes termes que la personne qui prophétise, nous pouvons pareillement bénéficier d'une vision tous ensemble. Il peut nous être donné de voir tous la même image au même moment.

Nous en avons fait l'expérience à Jérusalem où nous étions plus de vingt à avoir vu la même scène et chacun l'a racontée en ses propres termes, ce qui est tout à fait normal. Lorsque plusieurs personnes regardent un film à la télévision, l'attention de chacune se fixe sur les détails qui l'intéressent plus particulièrement si bien que, même en ayant suivi la même histoire, chacune la racontera de façon différente. Ainsi, pour en revenir à nos visions collectives à Jérusalem, quand venait le moment du partage, l'un de nous disait, par exemple : "*J'ai vu une rivière qui coulait et, tout à coup, elle parut s'arrêter.*" Un autre enchaînait : "*Dans ma vision, la rivière ne s'arrêtait pas mais elle arrivait à un point où elle se transformait en cascade.*"

Ainsi de suite, pendant des années, nous avons reçu jour près jour une grande variété de révélations. Et en les partageant, nous découvrions souvent que nous avions reçu la même tous ensemble.

Attention à ne pas avoir une attitude négative : si vous voyez le feu de Dieu, ne pensez pas immédiatement qu'il représente celui de la persécution. Laissez cette flamme céleste vous consumer par la sainte présence du Seigneur, par Sa personne, par Sa gloire. Le feu est une des manifestations de la gloire de Dieu et nous allons le voir de plus en plus. Alors, que le feu de Dieu vous devienne familier, afin que vous cessiez de l'associer uniquement à ce qui mérite d'être brûlé et anéanti.

Dans le réveil actuel comme par le passé, Dieu envoie à Son peuple des visions et des songes ; mais qui n'ont pas pour but de nous faire entrevoir de belles espérances sans suite. Non, nous devons en attendre l'accomplissement dans les moindres détails. Nous devons également nous attendre davantage à voir des anges. Il n'y a pas longtemps, au cours d'une série de réunions qui avaient lieu à Winterville, en Caroline du Nord, j'ai vu pour la première fois des anges effectuer une marche de Jéricho autour de l'église, à l'extérieur. Alignés dans un ordre parfait l'un derrière l'autre, ils marchaient autour du bâtiment.

Le lendemain matin, j'en ai vu deux qui se tenaient dehors près de la porte d'entrée. Se tournant de côté et d'autre, ils invitaient les gens à venir à la réunion. Quand j'ai raconté cette vision aux pasteurs Art et Barbara Delano, ils m'ont dit qu'avec leurs fidèles ils avaient demandé à Dieu d'envoyer des anges pour faire venir des gens du dehors. Et, après cette prière, l'assistance s'était mise à grandir.

Tous les grands réveils se sont accompagnés d'une activité angélique de cet ordre et nous pouvons très bien nous attendre à en être nous-mêmes témoins, de plus en plus, dans les jours qui viennent.

J'ai malheureusement entendu beaucoup trop souvent des croyants me dire qu'au début de leur vie chrétienne, après avoir reçu le salut et le baptême du Saint-Esprit, ils avaient de merveilleuses visions. Puis on leur avait dit qu'elles ne venaient pas de Dieu, alors ils avaient cessé de les rechercher et avaient même demandé à Dieu de retirer ce don de leur esprit :

- *Mais maintenant je comprends que de telles expériences venaient de Lui ; Il me montrait des images si merveilleuses... Je regrette de n'avoir pas persévéré,* ajoutent-ils.

Ainsi, durant des années toutes ces personnes ont été privées de visions par peur de laisser au Saint-Esprit une complète liberté d'action dans leur vie.

La vision n'est d'ailleurs qu'un aspect de la révélation. Dieu opère dans nos vies des oeuvres nouvelles qui sont pour beaucoup, parfois, des sujets de crainte. Car si nous n'avons pas un cadre de référence pour juger d'un élément quelconque, celui-ci nous fait peur.

Mais ce que je me plaisais à enseigner à notre communauté de Jérusalem, c'est cette pensée toute simple : "*Vous pouvez faire confiance au Saint-Esprit!*" C'est là le plus important.

L'ange Gabriel apparut à Marie, puis à Joseph, alors qu'ils étaient loin de rechercher une telle révélation. Les Mages, eux, avaient déjà remarqué l'étoile. Ils scrutaient le ciel et soudain, ils découvrirent qu'une des étoiles se déplaçait. Puis ils reçurent la révélation qu'il leur fallait la suivre.

Les deux types de révélation existent : l'une vient de façon souveraine, l'autre vient pendant que nous cherchons la pensée de Dieu. Et si vous souhaitez atteindre des sommets spirituels, soyez de ceux qui languissent après une plus profonde connaissance de Dieu.

Dans la Parole, nous voyons souvent des prophètes poser des questions aux anges, lorsqu'ils reçoivent une visitation du ciel.

Parmi eux, Zacharie a dialogué avec l'ange qui lui parlait. Il voulait obtenir des précisions.

L'apôtre Jean, face à la révélation de Jésus glorifié, ne pouvait pas comprendre tout ce qu'il voyait et il interrogea le Seigneur, qui lui donna des explications. Il vit les chandeliers, puis les étoiles dans Sa main droite, et Jésus lui en donna la signification :

> ***Le mystère des sept étoiles que tu as vues dans ma main droite, et les sept chandeliers : les sept étoiles sont les anges des sept églises et les sept chandeliers sont les sept églises.*** **(Apocalypse 1[20]).**

Nous devons interroger et observer. Nous devons frapper à la porte du ciel et méditer sur la vision. Et nous devons encore laisser à Dieu du temps pour nous donner les réponses.

Une dame de New-York vint nous trouver à la suite d'un songe qu'elle avait eu et je l'ai priée de me le raconter.

- *Eh bien,* dit-elle, *j'ai rêvé d'un endroit qui comportait un grand nombre de portes et je suis venue ici, parce que Dieu m'a dit que, de ce camp, beaucoup de portes s'ouvriraient devant moi.*

Arrivée parmi nous, elle reçut la vision de plusieurs différentes clés. Elle demanda au Seigneur ce qu'Il voulait lui dire et Il répondit :

- *Il ne te suffit pas d'avoir les portes. Tu as aussi besoin d'avoir les clés qui les ouvrent.*

Dieu nous montre ainsi par Son Esprit, l'aisance avec laquelle Il fait progresser le réveil en ces dernières heures du jour. Nous pouvons passer des semaines entières dans la gloire, où plusieurs parmi nous s'élèvent à des degrés nouveaux dans le domaine de l'Esprit, permettant à Son fleuve de couler. Dans de telles circonstances, cela ne me dérange pas du tout qu'il ne reste pas de place pour la prédication. Je serais même ravie de voir quelqu'un se lever pour prophétiser et continuer jusqu'à la réunion suivante.

Un certain dimanche matin, à Ashland, la sœur chargée de la classe des femmes, lors de l'étude biblique précédant le culte, a apporté tout son enseignement sous la forme d'un chant prophétique. J'ai trouvé cela merveilleux.

Dieu prend plaisir à agir selon des voies nouvelles et, si nous sommes d'accord pour suivre le courant de Son fleuve, il nous devient inutile de fouler encore les anciens sentiers. Car nous pouvons entrer dans Ses plans nouveaux par la révélation de l'Esprit du Dieu Vivant.

Peut-être mettra-t-il fin à certains de nos plans ou en changera-t-Il complètement l'orientation ? Par Son Esprit, il nous est donné de comprendre ce que fait le Seigneur.

- Pouvons-nous faire confiance au Saint-Esprit ? Absolument et entièrement !

Les croyants qui ne tiennent aucun compte des visions ne font que se priver eux-mêmes de grandes bénédictions. D'ailleurs, s'il vous est arrivé vous-même de communiquer un don spirituel à quelqu'un qui n'y a attaché aucune valeur, vous n'avez sûrement pas mis autant de zèle à le bénir une seconde fois.

Si vous souhaitez voir l'Esprit de révélation abonder dans votre vie, appréciez chaque parole que Dieu vous dit, même si vous n'en comprenez pas tout le sens. Ne pensez jamais qu'Il nous donne de jolies images pour nous faire plaisir et charmer nos oreilles. Non ! Ce que Dieu nous dévoile par l'Esprit est d'une dimension éternelle : ce sont de grandes révélations qui renferment en elles-mêmes un potentiel capable de changer pour Sa gloire, le cours de l'Histoire dans beaucoup de nations.

Une question se pose dans les milieux chrétiens : l'apôtre Jean a-t-il reçu toutes les visions contenues dans l'Apocalypse comme le développement d'une révélation unique ? Ou les a-t-il reçues en plusieurs épisodes séparés ?

Lorsque je reçois des révélations, elles sont, en général, limitées dans leur déroulement, et je suppose, pour ma part, que Jean a reçu en plusieurs fois tout ce qu'il a décrit. Mais d'autres pensent que ce fut sous forme d'une longue vision continue. Je ne suis pas sûre qu'il soit important de le savoir. Mais, quoiqu'il en soit, Dieu veut que nous soyons un peuple ouvert à la révélation du Saint-Esprit ; et la vision est une des méthodes les plus importantes par lesquelles Il se révèle à l'Eglise d'aujourd'hui.

Cela dit, beaucoup ont un problème du fait que les visions surviennent avec rapidité et souvent s'effacent aussi très vite. Nous préférerions qu'elles se présentent comme un film qui se prolonge dans la durée, comporte une grande quantité de détails, de manière à les considérer tout à loisir. Pourtant, qu'elle reste un moment ou qu'elle s'efface, ne prenons jamais une vision comme un fait ordinaire. Ne considérez jamais non plus comme tout naturel le privilège d'entendre Dieu vous parler d'une voix audible dans votre esprit. Et n'ayez pas une attitude blasée à l'égard des songes qu'Il vous accorde pendant votre sommeil.

J'ai entendu quelques personnes me dire qu'elles pouvaient recevoir des visions chaque fois qu'elles le désiraient. Eh bien ! Elles sont bénies et doivent apprécier à sa juste valeur le privilège d'avoir un tel don ! Il représente un trésor. D'autres personnes sont douées pour gagner beaucoup d'argent. Qu'elles soient également remplies de gratitude en pensant à tous ceux qui doivent faire des efforts continuels pour parvenir à payer leurs factures en temps voulu.

Si Dieu vous a donné des capacités supérieures, dans un domaine ou un autre, ne le prenez pas comme allant de soi, mais appréciez-les avec reconnaissance. Il y a trop de croyants qui, ayant reçu beaucoup de dons sur le plan spirituel, portent moins de fruits avec leurs talents que d'autres qui n'en ont pas autant. Souvent, ceux qui n'ont qu'un petit talent l'apprécient davantage et le font valoir au maximum.

Je n'ai pas autant de visions que certains, mais je parle autour de moi de chacune d'elles. Elles me comblent d'enthousiasme et je cherche chaque fois à comprendre ce que Dieu me montre et à le mettre en application.

Il est vrai que, mon équipe et moi-même avons passé bien des années passionnantes au-delà des mers, mais il est tout aussi vrai que nos plus grandes aventures avec le Seigneur ont commencé sur de simples révélations, de la façon la plus modeste. Et une fois que nous avons compris le secret de cette marche avec Dieu, nous avons continué à vivre sur la base de la révélation.

Voilà un bon exemple de prière :
- Oh, Dieu ! Révèle-nous par Ton Esprit ce que nous avons besoin de connaître sur tel sujet particulier. Révèle-nous ce qu'il nous est nécessaire de savoir sur telle situation.

Lorsque nous étions enfants, nous avons souvent déménagé ; mais ce n'était jamais sur un coup de tête. Nos parents priaient toujours que le Seigneur leur montre où Il voulait que nous allions. Nous ne changions de lieu d'habitation que sur une révélation. Pas une fois nous n'avons déménagé en considération d'avantages personnels, ni parce que nous avions vu une maison où nous avions envie d'habiter. Si Dieu ne nous montrait pas où habiter et quand déménager, nous ne bougions pas. Rien d'étonnant au fait que nous ayons été tellement bénis !

Je veux ajouter que je n'ai pas toujours reçu directement de Dieu les directions qui m'étaient utiles. Mais je me suis exercée à être attentive à celles que recevaient les autres et, très souvent, elles étaient aussi destinées à mon instruction. Soyez toujours assez humble pour recevoir ce que d'autres ont à donner. Il y en a qui n'acceptent que ce qui leur vient de quelques personnes qu'ils choisissent, mais en agissant ainsi, ils s'entourent de limitations. Sachez reconnaître la voix de Dieu, même s'Il utilise un coq ou une ânesse pour vous parler ! Chaque fois que Dieu a touché mon esprit par une parole de vie, je me suis élancée pour courir avec elle.

Il y a certaines choses que Dieu nous montre avec souveraineté et nous n'avons nullement besoin d'y réfléchir. Ainsi, le jour où j'ai reçu la vision que des fragments de temps nous étaient donnés du ciel, j'ai vécu toute la journée plongée dans cette révélation. C'était une intervention tellement éblouissante et souveraine de la part de Dieu !... Et ma réflexion n'y avait pas eu le moindre rôle à jouer.

En d'autres occasions, nous nous engageons dans une recherche spirituelle concernant un aspect de la pensée de Dieu, nous nous appliquons à le découvrir, car notre cœur s'y intéresse et nous désirons ardemment que Dieu nous le révèle.

Nous, les femmes, sommes capables d'être tenaces lorsque nous cherchons un objet que nous avons envie d'acheter. Si nous ne l'avons pas trouvé dans le premier magasin, nous allons voir dans un autre. Après avoir cherché en vain dans dix endroits, nous demandons à une amie et, si elle nous assure que nous le trouverons à l'autre bout de la ville, nous sommes impatientes de nous y rendre. Là, le vendeur nous dit :

- *Désolé, nous ne faisons plus cet article, mais vous le trouverez chez...*

Et nous partons dans cette nouvelle direction !

Les hommes nous ressemblent pour ce qui concerne les outils. Ils en achètent de nouveaux pour mener à bien des travaux compliqués, qu'ils ne finissent pas toujours...

Sur le plan naturel, nous acceptons de nous donner du mal pour obtenir ce que nous recherchons. Et si nous le voulons vraiment, nous n'abandonnons pas nos efforts. Par exemple, nous avons une idée de cadeau de Noël pour une personne amie et nous ne voulons pas lui en offrir un autre. Alors nous pourrons faire des kilomètres pour retourner jusqu'au petit magasin où nous l'avions aperçu un jour.

Dieu voudrait voir en nous la même ténacité d'esprit pour Le chercher. Il veut que nous nous appliquions à découvrir Ses merveilleuses bénédictions, jusqu'à ce que nous ayons obtenu satisfaction.

C'est merveilleux de s'abandonner à l'Esprit et de savoir que ce qu'il nous est donné de connaitre, ne vient pas de l'intelligence de la chair. C'est passionnant d'avoir part à la dimension la plus élevée de l'œuvre de Dieu, en sachant parfaitement que ce n'est pas notre formation qui nous a amené à ce niveau, mais que c'est simplement Lui qui nous a placé au cœur de Son plan, par Son Esprit. Dieu Se plaira à nous mettre au milieu de situations pour lesquelles nous ne possédons aucune possibilité de solution naturelle.

Nous voulons connaitre le Seigneur sur le plan de la révélation et non selon notre intelligence humaine. Nous voulons connaître le Saint des Saints, non pas comme un lieu géographique, mais par le cœur, dans l'Esprit.

Ce fut une expérience particulière de vivre en Israël, dans la proximité des juifs religieux, plus instruits que nulle part ailleurs dans le monde. Les langues d'origine de la Bible n'ont aucun secret pour eux. Ils sont capables de vous citer les propos de tous les commentateurs - ce que chaque rabbin a déclaré, au sujet de chaque mot... Jésus parlait des "iota" et des "traits de lettres" et ces hommes sont capables de vous montrer où ces signes se trouvent. Comment se sentir à l'aise en face de tels érudits ?

Eh bien ! Lorsque vous avez appris à adorer, la connaissance que vous avez vous vient du Saint-Esprit. Et lorsque vous possédez le secret pour sonder les profondeurs de Dieu, vous n'avez plus rien à redouter.

En réalité, au départ, nous ne savions même pas ce que nous devions chercher. La plupart d'entre nous ignorent les questions à poser, comment en connaitrions-nous les réponses ? Mais Dieu, Lui, sait exactement comment nous faire voir

"*Ce que l'œil n'a pas vu*", nous faire entendre "*ce que l'oreille n'a pas entendu*" et comprendre "*ce que le cœur n'a pas perçu*".

Des incroyants peuvent lire la Bible et ne pas trouver le salut. Comment est-ce possible ? Parce que le salut se découvre par révélation. Des croyants nés de nouveau peuvent lire la Bible sans être remplis du Saint-Esprit. Pourquoi ? Parce qu'Il se reçoit par révélation. Des malades peuvent lire la Bible sans être guéris. Comment cela ? Parce que la guérison s'obtient par révélation.

Si donc Dieu vous a donné un joyau que personne d'autre ne paraît estimer, je vous en prie, ne le jetez pas ! Une multitude d'Américains n'attachent pas grande valeur aux pierres précieuses peu connues d'Afrique du Sud. Combien ont-ils déjà vu un diamant jaune, ou un diamant vert ? A moins de vous rendre à l'Institut Smithsonian, vous pourrez bien ne jamais en voir. Cela n'ôte rien au fait qu'ils sont plus rares et donc plus précieux que les diamants bleus, plus courants. Le fait que la plupart des gens choisissent le type de diamant qui leur est familier n'annule en rien la valeur des autres.

Dans votre cœur, soyez déterminés à sonder les profondeurs de Dieu. Il veut avoir un peuple qui prend du temps pour s'asseoir à Ses pieds et méditer. En général, quand je voyage en voiture, je fais comme Marie :

> ***Marie gardait toutes ces choses et les repassait dans son cœur.*** **(Luc 2[19]).**

J'écoute régulièrement les informations à cause de l'intérêt que je porte aux différentes nations et de mon fardeau pour elles ; à cause aussi de l'onction prophétique qui repose sur moi. J'aime beaucoup voir les plans et les desseins de Dieu s'accomplir au travers des évènements dans le monde. Lorsque je me rends à Washington, par exemple, j'écoute le poste qui transmet vingt-quatre heures d'informations. Je suis une fan de CNN et également de C.Span, qui donne un aperçu de ce qui se passe sur la colline du Capitole. Mais, en dehors des informations et de quelques émissions chrétiennes, je préfère employer toutes mes minutes disponibles à repasser dans mon cœur les profondeurs des richesses de Dieu et tout ce qui vient du Saint-Esprit.

Mon père disait souvent que les hommes essaient de faire avec l'intelligence ce que le Saint-Esprit veut accomplir par la révélation. Ils veulent saisir, en définissant les mots et étudiant toutes sortes de traductions bibliques, ce qui en fait est du rôle du Saint-Esprit : c'est Lui qui révèle à l'homme la Parole de Dieu pendant qu'il la lit, l'étudie et se tient dans la gloire. Dans les premiers temps du réveil, les croyants étaient davantage dépendants de l'Esprit pour recevoir de Lui des révélations. Un humble pasteur bénéficiait chaque jour de la visite d'un ange qui venait pour lui expliquer les Ecritures. Il était illettré, mais Dieu connaissait la soif de son cœur et il devint un grand prédicateur.

Seigneur,
Tu es en train de nous ouvrir les yeux pour que nous Te voyions, que nous voyions Ta gloire et les Lieux Célestes, pour que nous voyions la manifestation de Ta gloire, dans notre pays et dans les nations du monde. Nous T'en disons merci !
Au nom de Jésus, amen !

TROISIEME PARTIE

LE DERNIER GRAND REVEIL

CHAPITRE 21

VOIR JESUS DANS LA GLOIRE

Mais le peuple qui connaîtra son Dieu sera fort et fera des exploits. **(Daniel 11[32]).**

Alors leurs yeux s'ouvrirent et ils Le reconnurent. **(Luc 24[31]).**

Nous voyons s'accomplir de grands miracles au milieu de la gloire, mais ce réveil ne vient pas seulement en s'accompagnant de miracles : Le réveil de la fin est la révélation de Jésus-Christ. Les premiers mots de l'Apocalypse résument tout le contenu du livre : «***Révélation de Jésus-Christ***».

Vous dites peut-être : "*Je connais le Seigneur*". C'est sûrement vrai dans une certaine mesure, mais il existe de plus hauts degrés dans Sa connaissance et Il est sur le point de nous y introduire. Sans doute Le connaissez-vous, mais vous allez progresser, progresser et progresser encore dans la connaissance de Christ - jusqu'à ce qu'enfin VOUS LE CONNAISSIEZ ! Car l'aboutissement du réveil, c'est de connaître Jésus dans la gloire.

Nous avons d'abord découvert qu'Il était notre Sauveur. Ensuite, nous avons trouvé en Lui Celui qui baptise du Saint-Esprit ; puis le grand Médecin, Celui qui guérit. Au fil des jours, notre marche nous a amenés à Le connaître comme Jéhovah Jiré,

Celui qui pourvoit à nos besoins. Toutes ces étapes n'ont été que l'aube de la découverte de ce qu'IL EST véritablement. Nous avons encore beaucoup à découvrir et, si nous sommes persévérants dans notre recherche, nous Le verrons Se révéler de nouvelle dimension en nouvelle dimension. C'est la gloire qui Le dévoile. Elle amène à la lumière «***La révélation de Jésus-Christ***».

Jean était déjà âgé lorsqu'il fut exilé sur l'île de Patmos. Dans sa jeunesse, il avait posé sa tête sur la poitrine de Jésus : quel privilège ! Ainsi, très jeune, il avait connu la réalité du réveil. Il n'avait pas seulement été l'un des témoins de la vie du Seigneur dans la chair, mais aussi de l'effusion du Saint-Esprit à la Pentecôte ; puis de celle survenue à Césarée, dix ans plus tard, et encore à Ephèse, vingt ans après.

L'apôtre avait vu la puissance miraculeuse de Dieu à l'œuvre tout au long de sa vie. Pourtant, au soir de celle-ci, nous le voyons lever les yeux vers une réalité plus glorieuse encore : «***La Révélation de Jésus-Christ***».

Si quelqu'un connaissait le Seigneur, c'était bien Jean. Il savait tout ce qu'Il avait accompli sur la Terre et tout ce que Ses disciples avaient ensuite accompli en Son nom. Jean avait connu Jésus dans la chair et, sans doute plus qu'aucun autre disciple, également dans l'Esprit. Il gardait pourtant le sentiment qu'une révélation encore plus élevée l'attendait. Et un jour, comme Salomon reçut Le Cantique des Cantiques après avoir composé plus d'un millier de cantiques, Jean allait obtenir La Révélation des Révélations : «***La Révélation de Jésus-Christ***».

Au début de l'année, un matin de notre convention d'hiver, j'ai vécu une expérience très semblable à celle d'Ezéchiel et je me suis précipitée sur ma Bible pour relire sa prophétie :

> ***Au-dessus du ciel qui était sur leurs têtes, il y avait quelque chose de semblable à une pierre de saphir, en forme de trône; et sur cette forme de trône apparaissait comme une figure d'homme placé dessus en haut.***

Je vis encore comme de l'airain poli, comme du feu, au dedans duquel était cet homme, et qui rayonnait tout autour ; depuis la forme de ses reins jusqu'en haut, et depuis la forme de ses reins jusqu'en bas, je vis comme du feu, et comme une lumière éclatante, dont il était environné. Tel l'aspect de l'arc qui est dans la nue en un jour de pluie, ainsi était l'aspect de cette lumière éclatante, qui l'entourait : c'était une image de la gloire de l'Eternel. A cette vue, je tombai sur ma face, et j'entendis la voix de quelqu'un qui parlait. (**Ezéchiel 1$^{26\text{-}28}$**).

Comme Ezéchiel, j'ai vu les Cieux ouverts ; et j'ai vu le Seigneur "***de l'apparence de Ses reins jusqu'en bas***". Ce n'est pas toujours sous le même aspect qu'Il Se révèle et nous progressons dans Sa connaissance en Le voyant Se révéler sous les images les plus diverses. Nous apprenons à Le connaître en voyant Ses mains, ou en voyant Ses pieds. En fait, Il nous montre juste ce que nous avons besoin de voir de Sa personne à chaque moment de notre marche avec Lui.

Ce matin-là, je L'ai vu depuis Sa taille jusqu'à Ses pieds et Il était assis sur Son Trône. La façon dont Il était assis me parla intensément ; je n'avais pas besoin de voir Sa main tendue, tenant un sceptre, pour savoir qu'Il était Roi. La manière dont Il se tenait assis était pleine de majesté. Et j'ai saisi l'ampleur contenue dans la déclaration de Jean à travers les âges : "***A Celui qui est assis sur le Trône...***" (**Apocalypse 5^{13}**).

Si vous avez eu l'occasion de voir la statue d'Abraham Lincoln, au Lincoln Mémorial de Washington, vous aurez remarqué qu'il y a de la grandeur dans la façon dont il est assis. Et même sans avoir lu ses paroles admirables, inscrites sur le mur derrière lui, son attitude suffit à témoigner que c'était un homme d'une grande noblesse. L'autorité qui était la sienne reste visible par la façon dont il se tient assis.

C'est un peu sous le même aspect que j'ai vu le Seigneur. Ce jour-là, je n'ai pas vu Ses vêtements ni la splendeur de Sa parure royale. Mais j'ai vu la gloire dans Son attitude et, en cet instant, j'ai su que, si les royaumes terrestres s'élèvent et disparaissent, il existe une gloire éternelle qui appartient à notre Dieu, qui est assis sur Son Trône. Comment pouvons-nous garder encore dans notre cœur un souci, une crainte, de l'inquiétude, en face de cette majesté ?

Après la mort de mon frère, plusieurs se demandaient si le ministère de l'église allait être maintenu et le site des conventions conservé. Mais pas une seule nuit, cette question n'a troublé mon sommeil. J'ai vu le Seigneur - comment pourrais-je encore m'inquiéter ? Je ne me suis pas précipitée sur les livres de comptes pour connaître les besoins du ministère. J'avais vu le Seigneur ; de quoi devais-je avoir peur ? Lorsque vous avez contemplé la gloire du Seigneur sur Son Trône, rien ne peut plus vous faire trembler ! Mes yeux l'avaient vu dans Sa majesté - je ne pouvais être inquiète pour l'avenir. Si vous n'êtes pas encore entré, dans cette révélation, recherchez-la aujourd'hui même. Il ne vous faudra pas beaucoup de temps pour y parvenir.

Alors, dès que vous aussi vous aurez vu le Seigneur, vous vous trouverez contraints de laisser Son feu brûler en vous. Et une des raisons qui vous y pousseront sera le désir de Le revoir encore. Vous voudrez que cette grâce devienne votre expérience continuelle.

Lors de cette dernière vision, je n'ai vu que Sa taille jusqu'à Ses pieds, mais j'ai quand même su instantanément qu'Il tenait tout sous Son contrôle, qu'Il régnait sur les affaires de ce monde et qu'Il allait faire éclater le réveil.

Le réveil s'accompagne d'une accélération des desseins de Dieu sur la Terre, et un aspect important de son rôle est de nous révéler notre divin fiancé.

La révélation de Jésus doit être donnée à chacun en particulier : elle est personnelle. Il ne vous suffit pas de lire le récit des visions que d'autres ont reçues ; ou encore d'écouter des croyants raconter qu'ils ont visité le Ciel. Aussi longtemps que vous n'aurez pas vous-mêmes les yeux ouverts dans le domaine de l'Esprit, vous ne serez pas satisfait. Vous vous sentirez frustré. Mais vous n'êtes pas obligés d'en rester là, car Dieu ouvre Ses trésors très simplement à chacun de nous.

Il n'est pas nécessaire d'être quelqu'un de spécial pour bénéficier de révélations. De petites églises, dont les membres sont des gens pratiquement inconnus, en reçoivent de merveilleuses. Toutefois, beaucoup n'en reçoivent aucune parce qu'ils ne prennent pas de temps pour chercher le Seigneur. Ils ne peuvent pas passer du temps dans Sa présence :

- *Nous n'en trouvons même pas pour lire la Bible, disent-ils. Comment pourrions-nous la méditer ?*

Peut-être, seulement il n'existe rien de plus capital qu'une révélation de Jésus-Christ. Lorsque vous L'avez vu, vous vous mettez à comprendre d'importantes vérités, même sans les avoir lues.

Quand l'onction est présente, demandez au Seigneur :

- *Voudrais-Tu me faire voir un aspect de Ta personne merveilleuse que je ne connais pas encore ? Voudrais-Tu me révéler un petit trait de Ton caractère ? Pourrais-je voir Tes mains jointes ?*

Le Seigneur a-t-Il du temps à vous consacrer ? Certainement ! Nous savons qu'Il est tellement grand que "***Les cieux et les cieux des cieux ne peuvent Le contenir***". Mais nous savons aussi qu'Il a pris plaisir à s'asseoir au bord du puits, près de la femme samaritaine, et à communier cœur à cœur avec elle. Il en fera autant pour vous.

Regardez dans la Bible combien de fois, pendant Son ministère terrestre, Jésus a pris le temps de s'intéresser à des personnes individuelles. Il y avait les foules, certes, mais Il voyait les individus, au milieu des foules. Les multitudes L'entouraient, mais Il aimait chaque personne de ces multitudes. Il révélait à la foule de grandes vérités, mais Il se souciait tout autant de révéler des vérités fondamentales à des hommes et des femmes en particulier. Il ne s'occupait pas que des personnages importants et des érudits. Il aimait les petites gens, les personnes nouvelles, les êtres ordinaires. La plus grande révélation de Son ministère, à part celle qu'Il avait enseignée à Nicodème, Jésus l'a dévoilée à cette femme près du puits de Jacob… Une femme qui n'était même pas juive, qui avait eu cinq maris et qui vivait avec un homme qui n'était pas son mari. C'est à elle que Jésus a donné une révélation sur la véritable adoration. Alors, si vous aussi, vous voulez bien faire une pause pour réflèchir aux profondeurs de Dieu, Il sera heureux de s'attarder près de votre puits et de Se révéler à vous. Oh ! Dites-Lui :

- *Seigneur, je voudrais tellement Te contempler !*

L'homme a besoin du fameux télescope Hubble pour observer les étoiles lointaines, tandis que vous et moi pouvons être amenés, en un instant, devant le Trône de Dieu. Les savants doivent utiliser ce télescope pour atteindre les points extrêmes de notre univers, mais nous, nous pouvons nous trouver transportés par l'Esprit et soudain contempler de nos yeux ce que Jean a décrit dans **Apocalypse 4[1-2]** : ***Après cela, je regardai, et voici, une porte était ouverte dans le ciel. La première voix que j'avais entendue, comme le son d'une trompette, et qui me parlait, dit : Monte ici, et je te ferai voir ce qui doit arriver dans la suite. Aussitôt je fus ravi en esprit. Et voici, il y avait un trône dans le ciel, et sur ce trône quelqu'un était assis.***

Jim Irwin et les autres astronautes ont eu le privilège de poser leurs pieds sur la lune, mais vous et moi pouvons nous tenir sur "***la Mer de Cristal***". Là, nous pouvons danser devant le Trône, lorsque l'onction inonde nos réunions.

Quelqu'un m'a dit un jour :

- *Oh, moi, il me suffit d'avoir juste la connaissance nécessaire pour pouvoir conduire deux ou trois personnes au salut.*

Mais nous ne voulons pas arriver au ciel en n'ayant qu'une vague connaissance du Seigneur ! Ne désirez-vous pas Le connaître mieux et être prêts pour les Noces de l'Agneau ?

Il y a des pays où les mariages sont arrangés d'avance et où les couples s'unissent sans avoir eu l'occasion de savoir grand-chose l'un de l'autre. La plupart d'entre nous détestent cette idée. Nous avons envie de connaître le plus de détails possibles sur notre futur(e) partenaire. Nous désirons sonder les secrets de son cœur, avant d'engager notre vie à ses côtés.

Or, le Seigneur, notre céleste Fiancé, est désireux de nous révéler Ses secrets, par le Saint-Esprit. Ce jour est un jour de révélations. C'est le jour de la gloire de Dieu. C'est le temps où Dieu veut se laisser connaître par nous.

Lorsque vous aimez une personne, vous voulez tout savoir à son sujet. Il ne vous suffit pas de la voir de loin. Votre cœur aspire à une plus grande intimité. Plus tard, lorsque le premier amour s'évanouit, chacun accorde moins d'importance à l'opinion de l'autre. Ils ont déjà tout entendu. C'est pour cela que le Seigneur nous appelle à vivre dans "le premier amour" là où nous recevons comme une perle la plus simple révélation. La jeune épouse veut savoir comment s'était passée la jeunesse de son époux et vice versa. Ils veulent tout partager. Dans le premier amour, on ne se lasse jamais d'entendre les mêmes histoires et l'amour grandit avec chaque récit.

C'est le temps de l'amour pour le Corps de Christ. Nous apprenons non seulement à connaître le Roi dans Sa majesté, mais aussi à découvrir Jésus comme le Fiancé aimant, le Bien-aimé de notre âme. Nous voulons Le contempler, le connaître de mieux en mieux. Or, c'est LA GLOIRE DU REVEIL qui le dévoile à nos cœurs !

Seigneur,
Mes yeux ont vu ; mes oreilles ont entendu ; mon cœur a compris, car Tu T'es révélé à moi dans la gloire du réveil. Mon désir est d'encore mieux Te connaître. Continue à Te révéler à moi. Je Te le demande dans le nom de Jésus. Amen !

FIN

TABLE DES MATIERES

Introduction

Première Partie :
LA GLOIRE DANS LE REVEIL

Deuxième Partie :
NOTRE REPONSE A LA GLOIRE DU REVEIL

Troisième partie :
LE DERNIER GRAND REVEIL

ACHEVÉ D'IMPRIMER
EN OCTOBRE 1999
SUR LES PRESSES DE
L'IMPRIMERIE DU LION
90700 CHATENOIS LES FORGES
DÉPÔT LÉGAL : 4E TRIMESTRE 1999
N° D'IMPRIMEUR : E9099839